江戸っ子が好んだ日々の和食

中江克己

第三文明社

はじめに――和食は伝統的な日本文化

近年、和食は諸外国の人びとから注目されている。日本を訪れる外国人のなかには「和食を食べるのが楽しみ」という人も多い。もう何年も前から「野菜や魚を中心にした日本の伝統的な食事は、健康維持に効果的」といわれているし、そのせいか欧米諸国ばかりか、アジアやアフリカなどにも日本料理のレストランがふえてきた。

もっとも、なかには「日本料理」とは名ばかりで、この料理のどこが日本料理なのか、と思えるようなものもあるらしい。しかし、日本料理が諸外国に広がっているのはまちがいない。

平成二十五年（二〇一三）十二月、和食がユネスコ（国連教育科学文化機関）の無形文化遺産に登録されたのを機に、さらに世界的に注目されている。

登録された正式名称は、たんに「和食」だけでなく、「和食　日本人の伝統的な食文化」である。その特徴としてあげられるのは、「新鮮で多様な食材」であり、「その持ち味を生かす調理法」だ。

日本には山があり、広い海もある。しかも、春夏秋冬と四季の変化が明確だし、気候も温暖で、それがさまざまな食材を育む。たとえば、海は豊かな魚や貝、海草の宝庫だったから、古くから新鮮な魚や貝を食べ、独自の魚文化を生み出してきた。

陸地の食材は米などの穀物、さまざまな野菜や木の実だが、これらを煮るなど調理して食べた。ビタミンやミネラル、食物繊維といえば、健康維持に必要なものだが、これらは野菜に含まれている。

要するに季節ごとに新鮮な食材が手に入りやすく、それら食材の持ち味を壊さずに調理してきた。これが和食の特徴の一つだった。

伝統的な食膳の基本構成は「一汁三菜」だが、これは栄養バランスにすぐれているし、これによって健康的な食生活が持続されている。しかも料理に季節感やその美しさを表現するなどの点も、和食の特徴の一つとして指摘された。

健康的とされる理由の一つは、あまり油を使わず、だしの旨みを十分に活用していること。そのせいか、近年では和食だけでなく、フランス料理などでも和食のだしを使うようになった。

日常の食事はむろん、正月や節句など四季の行事に食べる料理が独自に工夫されている。しかも、それぞれの地域に育まれた山の幸、海の幸を素材に、その土地ならではの郷土料理がつくられてきた。

和食は、四季の素材を生かす、というのが重要なポイントになっている。さらに食材の旨みを引き出すために、味噌や醬油などの発酵食品を調味料として使う。その巧みな組み合わせによって、和食はよりすぐれた料理になっているが、そうした点にも関心が高まっている。

和食の基本は江戸でつくられたといわれる。しかし、そこにたどり着くまでには、その地方地方で工夫された料理はむろん、宮廷料理、さらには諸外国から伝えられた料理などが交じり合い、影響し合いながら、日本料理の様式と流れをつくりあげていった。

江戸といえば、ある意味では武士の町である。しかも参勤交代で地方からやってくる独身男性が多い。それに職人や行商人もほとんどが男性である。こうした男たちが食生活の変化を求めて外に食べに行く。こうして蕎麦《そば》や鮨《すし》、天麩羅《てんぷら》、鰻《うなぎ》などの屋台が繁昌し、料理茶屋（高級レストラン）に人が集まる。当時の江戸は、世界に誇ってよいグルメ都市でもあった。

本書は、長屋に住む庶民から将軍まで、どのような食事をしていたのか、そして日本料理の移り変わり、和食の旨みをつくり出した「だし」や発酵技術など、和食の魅力について書いた。

さらに日常の食だけでなく、おせち料理、主な四季の味覚、スイーツについてもふれ、江戸の和食の世界を概観できるようにした。しかし、料理は生き物である。和食の基本が失われることはないだろうが、変化していくことはまちがいない。江戸の人びとの「おいしい生活」を楽しんでいただければありがたい。

平成二十八年三月

著　者

江戸っ子が好んだ日々の和食　目次

第二章　江戸でつくられた和食の基本

第三章

江戸の味――旨みと発酵

第四章

江戸が育てた新しい食

第五章

晴れの食生活を楽しむ

第六章

四季折々の美味

冬の味覚

番外・江戸のスイーツ

江戸周辺略図
北
千住
大橋
木母寺
隅田川
浅草寺
向島
東橋
本所
両国
小名木川
中川
江戸川
行徳
深川
砂村
深川八幡
現・夢の島
現・東京ディズニーランド
現・東京ビッグサイト

三河島
駒込
護国寺
←練馬
吉原
寛永寺
伝通院
不忍池
神田明神
内藤新宿
神田
両国橋
江戸城
四谷門
半蔵門
日本橋
新大橋
永代橋
溜池
佃島
増上寺
芝口
浜御殿
現・レインボーブリッジ
泉岳寺
目黒
現・お台場
東海寺
品川
戸越村

＊引用文は読みやすくするため、仮名遣いを調整したり、句読点、読み仮名を加えたり、趣旨をとったりした箇所がある。

装　幀／クリエィティブ・コンセプト
本文レイアウト／安藤　聡
章扉絵＝国安画「日本橋魚市繁栄図」（部分）

第一章
江戸の食事情

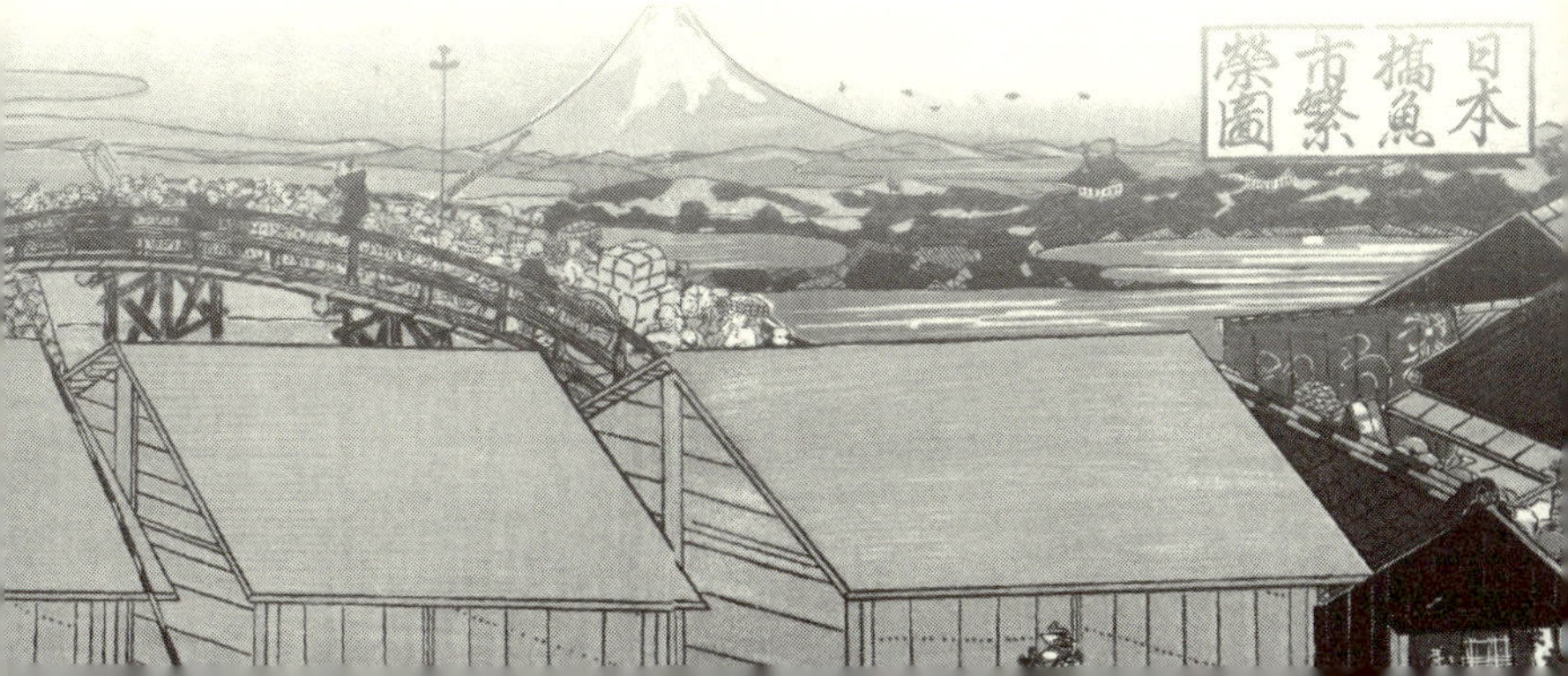

長屋の朝は飯炊きからはじまる

長屋の朝は早い。明六《あけむ》つ（午前六時）になると、路地口の木戸が開くが、そのころには長屋の住民も起きはじめ、井戸端に出て水を汲む。顔を洗ったり、歯を磨いたりしたあと、朝食の支度に取りかかる。

いまのようにだれでも時計を持っているわけではないから、時の鐘で時刻を知る。時の鐘は江戸市中、十数か所に設けられていたが、なかでも有名なのは、最初につくられた「石町《こくちょう》の鐘」（東京都中央区日本橋本石町四）で、もとの場所を移して保存されている。

路地口の木戸が開くと、長屋には納豆売りや蜆《しじみ》売りなど、さまざまな棒手振《ぼてふり》（天秤棒で商品を担いで売り歩く行商人）が姿を現す。そのほか、惣菜売りや野菜売り、魚売りもくる。あるいは塩や炭などを売りにくる。いまふうにいえば、こうした棒手振は移動コンビニ店のようなものだった。

長屋の朝は、飯を炊くことからはじまるといっていい。住人は、まず朝に一日分の飯を炊く。炊き上がったら飯櫃《めしびつ》に入れておき、昼と夜もこの冷飯を食べた。朝食は、温かい飯に味噌汁、漬物というのが普通で、それに納豆でもあればいうことはない。だから長屋の住人は、飯を炊き、鍋に湯を沸かして待っていればよかった。納豆売りがくれば、叩き納豆を買い、味噌汁にして食べた。

天保四年（一八三三）刊の随筆『世のすがた』は、つぎのように書いている。

「文政のころ（一八一八〜三〇）までは、たたき納豆とて、三角に切り、豆腐、菜まで細かに切りて、直《すぐ》に煮立てるばかりに作り、薬味まで取揃え、一人前八文（約二百円）ずつに売りしが、天保（一八三一〜四四）に至りては、たたき納豆追々やみて、粒納豆ばかりを売りにくる」

納豆売りは、細かく叩いた納豆を入れた大きなザルを天秤棒の前に下げ、後ろには大きな箱を下げて歩いた。箱のなかには、細かく

裏長屋の台所（『日常助食　竈の賑ひ』国会図書館蔵）

切った豆腐や菜っ葉、薬味の葱《ねぎ》などの器を入れてあった。

天保のころには、納豆汁が飽きられたのかもしれない。ちょうど醬油が長屋にも普及してきたころだから、粒納豆に醬油をかけて混ぜ、これを飯に乗せて食べるようになったのだろう。こうすると、納豆もちがった味わいが楽しめた。

昼食は、冷飯に朝の残りの味噌汁をかけて食べるなど、手軽にすませた。外で仕事をする職人は弁当持参だが、江戸後期にはさまざまな屋台が出てきたので、外食ですませるという人もふえた。

夕食は冷飯に野菜の煮物、焼魚を膳に並べた。七輪《しちりん》（焜炉の一種）が登場したのは、江戸中期の後半だが、戸外でこれを使って魚を焼いたり、煮炊きをするようになった。

そのほか煮売屋がさまざまな惣菜を売りはじめたので、これを買ってすませる人もふえてきた。

江戸と京坂では、こうした食事の仕方も異なる。喜田川守貞《きたがわもりさだ》の『守貞漫稿《まんこう》』は、そのちがいをつぎのように書いている。

「京坂は午食《ごしょく》、俗に〝ひるめし〟とか〝中食《ちゅうじき》〟といい、このときに飯を炊く。飯のほか、煮物か魚類、あるいは味噌汁など二、三種を一緒に食べる。江戸では朝に飯を炊き、味噌汁を合わせる。昼と夕は冷飯が普通だ。昼は惣菜か魚肉を一緒に食べる。夕食は茶漬に香の物。京坂も朝食と夕食は冷飯、茶、香の物である」

惣菜は、野菜や芋、豆などの煮つけが多い。魚肉といっても、値が張るので、長屋暮らしでは鰯《いわし》の干物ぐらいである。庶民の食生活は、このように質素だった。

長屋にやってくる棒手振

長屋には、先に述べたように納豆売りや豆腐売りのほか、蜆《しじみ》売りや浅蜊《あさり》売りなどもやってくる。

「あさアリむツきん（剝《む》き身）、蛤《はまぐり》むツきん」

このような売り声が早朝から長屋にひびく。

蜆はほとんどが深川（江東区）でとれたものだが、一升六文（約百五十円）から十文（約二百五十円）と安いので、味噌汁にしてよく食べた。とくに旨いと評判だったのは「業平《なりひら》蜆」である。

本所《ほんじょ》（墨田区）を流れる横川に業平橋（墨田区業平）が架かっている。このあたりでとれたので「業平蜆」というが、粒が大きくて味もよい、と評判がよかった。
蜆は、当時から薬効があるとされ、とくに黄疸《おうだん》への効き目に定評があった。『食品国《やまと》歌《うた》』に「しじみよく、黄疸を治し、酔いを解す。消渇《しょうかち》（糖尿病）、水腫《すいしゅ》（むくみ）、寝汗にもよし」と書かれている。

蜆売りは、ほかに蛤、浅蜊、馬鹿貝（青柳）、サルボウ（赤貝に似た小形の二枚貝）なども売ったが、蛤は小粒のものでも、値は蜆の倍くらいだった。

菜売りは小松菜、芥子《からし》菜、瓜、茄子《なす》など、季節によって扱う品はさまざま。値段は三文

つけ木売り（『江戸職人歌合』国会図書館蔵）。朝、飯を炊くには火をおこす必要がある。火打石の火を火口（イチビやパンヤでつくられている）に移し、これをさらに付木（薄い木片。先端に硫黄が塗ってある）に移すのである。

魚売り（『江戸職人歌合』）

（約七十五円）か四文（約百円）くらいだが、長屋の連中はうまく値切って買った。

豆腐は庶民の重要な健康食

江戸の人びとは、豆腐や納豆など大豆の加工品をよく食べた。豆腐とか納豆は、もともと精進料理の主役級だったともいわれるが、その精進料理という枠を超え、長屋にまで普及してきたのは、先に述べたとおりだ。なんといっても、豆腐や納豆は味噌汁の実として欠かせないものだった。

大豆の加工品は、牛肉や豚肉などよりはるかに多くのタンパク質が含まれているという。牛肉の約二倍とされ、「大豆は畑の

豆腐売り（『守貞漫稿』国会図書館蔵）

肉」とまでいわれるが、その大豆のタンパク質を消化吸収しやすいようにしたのが豆腐である。江戸の人びとは、そんな理屈は知らなくても、体にいいことは知っていたのだろう。長屋の住人たちも味噌汁などにして、よく食べた。

暑い盛りには、よく奴豆腐（冷奴）を食べた。冷奴は、冷たい水で豆腐を冷やし、薬味を乗せ、醤油をたらして食べる。これは、いまも江戸時代も変わりがない。

薬味もいろいろである。『守貞漫稿』によると、おろし大根、青海苔《のり》、青蕃椒《とうがらし》、山葵《わさび》、陳皮《ちんぴ》などを使った。青蕃椒は、夏のまだ青い蕃椒の実だし、陳皮は蜜柑《みかん》の皮を乾かしたもの。薬味は好みで使うが、どれも夏らしい。

当時の豆腐はサイズが大きい。天秤棒で担いで売りにくる豆腐屋が荷をおろし、桶から手ですくいあげ、すばやく四つに切る。これがいまの豆腐くらいの大きさだ。値段は、江戸後期で一丁が五十六文（約千四百円）から六十文（約千五百円）だが、四分の一丁を買えば、値段も四分の一になる。江戸庶民は、好みの量を買って食べた。

「八杯《はちはい》豆腐」という食べ方もあった。豆腐を薄く細く切り、これを水四杯、醤油二杯、酒二杯の割合で混ぜた汁で煮て食べる、という料理だった。

また、「泡雪《あわゆき》豆腐」は、江戸名物になったほど。江戸の豆腐は、水切りをしなくても田《でん》楽《がく》をつくれるほど固かったが、泡雪豆腐はやわらかく、泡のようにふわふわだったので珍しがられた。

料理茶屋では、泡雪豆腐の上に葛餡《くずあん》をかけて出した。豆腐をつくるとき、苦汁《にがり》を加えずに固めるとやわらかくなる。葛餡は、だし汁に醤油や味醂《みりん》などで味をつけ、葛粉を水で溶いて加え、混ぜながら煮立ててつくる。

夏には冷奴を食べたが、冬は湯豆腐である。火鉢の上に鍋を乗せ、豆腐をさっと煮て、葱《ねぎ》に醤油で食べるというシンプルな料理。しかし、目にも温かく、食べると胃の腑から温まるといううれしい料理だ。薬味は、もみ海苔とか、おろし大根など、好みで用意した。

豆腐は、庶民にとって欠かせない食材で、季節にかかわりなく食べた。天明二年（一七八二）には『豆腐百珍』というレシピ本が出るほど、さまざまな料理法を楽しんだ。

田楽豆腐から多様な田楽へ

豆腐といえば、江戸庶民は田楽にして食べるのも好きだった。豆腐を長方形に切って串に刺し、味噌をつけて焼いたものだが、味噌が少し焦げ、香ばしい匂いが食欲をそそる。

田楽というのは舞楽の一種で、古く平安時代、田植えのときに笛を吹き、鼓を打って歌い、舞ったりした。やがて田楽法師という専門の芸能者が現れ、高足《こうそく》に乗って踊るなど、歌舞を演ずるようになった。

田楽豆腐の形がその姿に似ているとして、田楽豆腐と名づけられたらしい。

江戸には、田楽の有名な店がいくつもあったが、神田鎌倉河岸《かまくらがし》（千代田区内神田一〜二）の豊島屋《としまや》もその一つ。この店で出す田楽豆腐は、大振りなのに二文（約五十円）と安かったので、「馬方田楽」ともいわれ、評判になった。力仕事をする男たちが、仕事の途中や帰りに立ち寄って食べたのである。

田楽にもいろいろ種類があるが、代表的なものは「木の芽田楽」で、花見には欠かせない食べ物とされた。『守貞漫稿』には、つぎのように紹介されている。

「京坂にては山椒の若芽を味噌に擂り入れる。江戸は入れず、上に置くなり。おのおの木の芽田楽といふ」

田楽に使う味噌だれは、上方は白味噌だが、江戸では赤味噌を使う。いずれも砂糖を加え、少し甘味をつけた。

「芋田楽」というのもあるが、これは里芋を使う。芋を茹《ゆ》でるか、蒸すかして串に刺し、練味噌をつけて焼く。これも庶民的な味である。

文政八年（一八二五）から天保元年（一八三〇）までの世相を記録した『道《どう》聴塗説《ちょうとせつ》』によると、さまざまな田楽が売られていた。

「春もやうやう長閑《のどか》に成り行けば、木の芽田楽、海胆《うに》田楽をはじめとし、鶏卵《たまご》（卵、醤油、塩、酢を合わせたものを塗る）、交趾《こうち》（胡麻《ごま》油を塗り、唐辛子味噌をつけて焼く）、浅芽《あさじ》（醤油を塗って焼き、梅醤《うめびしお》を塗り、けしの実を乗せる）、阿《あ》漕《こぎ》（割醤油で煮て、胡麻油で揚げ、味噌を塗って焼き、すり柚子をかける）などの田楽、花の下の一興に供すべし」

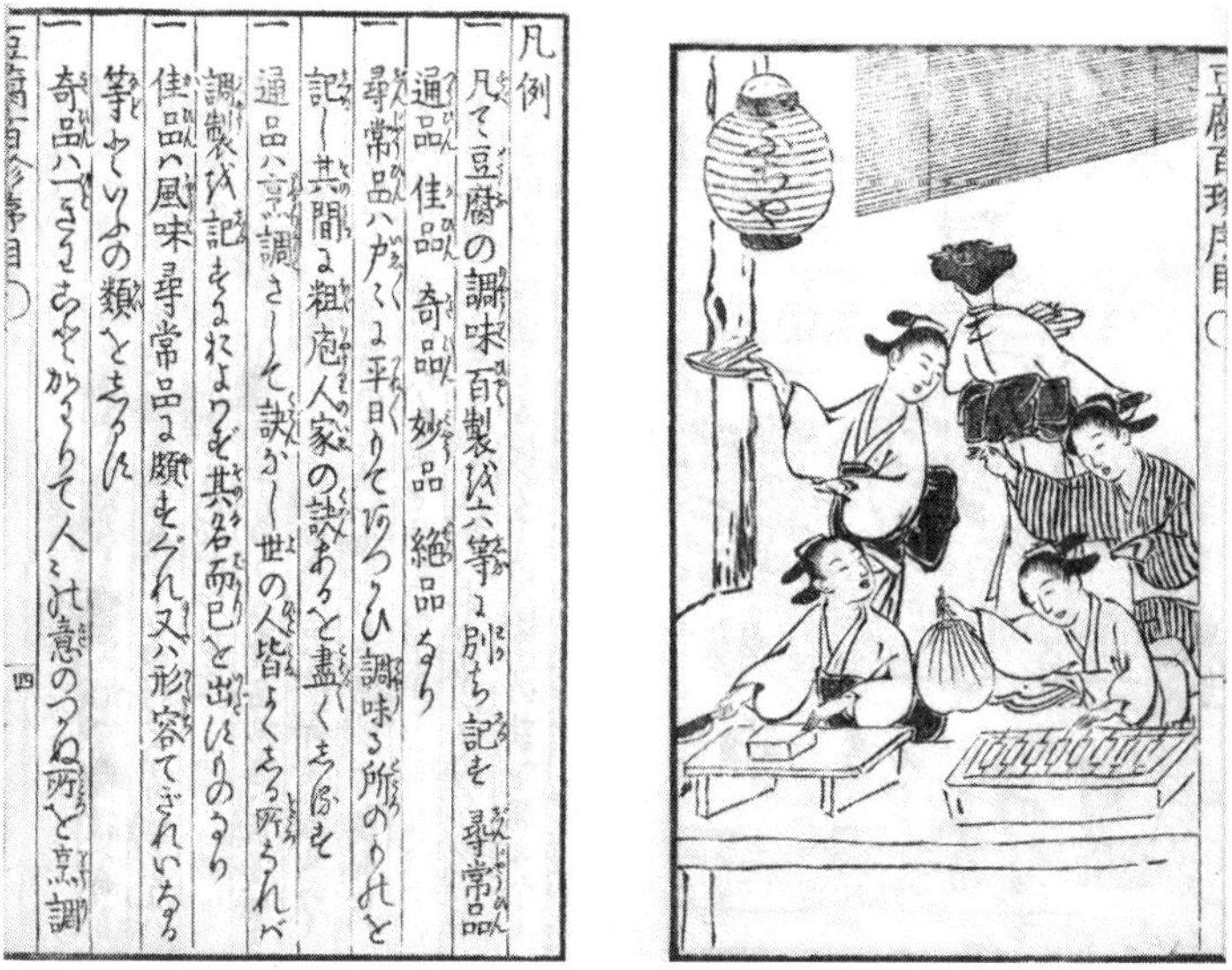

豆腐田楽（『豆腐百珍』国会図書館蔵）

さらに田楽の材料は、豆腐や芋のほか、蒟蒻《こんにゃく》、茄子《なす》、魚など、さまざまなものが使われるようになった。豆腐の田楽から多様な田楽へ。こうした変化を見ても、江戸の食生活が豊かになってきたことがわかる。

庶民に人気のあった「おかず番付」

江戸時代には、人気役者や力士など、さまざまな番付がつくられたが、庶民に人気のある日常のおかずの番付もあった。

たとえば、相撲の番付を模した「日々徳用倹約料理角力番付」には、さまざまなおかずが列記されている。相撲は東西に分けられるが、おかず番付は、「精進方（山の物）」と「魚類方（海の物）」に分けてある。

「行司」の中心は沢庵漬、梅干で、その左右に糠《ぬか》味噌漬、なすび漬、茎菜《くきな》漬など漬物が並ぶ。「世話役」には、でんぶ、ひしほ（醬。現在の味噌、醬油の原形）、ざぜん豆、味噌漬、日光唐がらしなど。日光唐がらしは、日光で産出される紫蘇巻《しそまき》の塩漬唐辛子だった。

相撲番付の「勧進元」は、ここでは「感心元」になっている。味噌、塩、醬油の三大調味料があげられているが、むろんいまでも欠かせない。

人気のおかずだが、精進方では、大関が「八杯豆腐」、ついで関脇「こぶあぶらげ」、小結「きんぴらごぼう」とつづく。前頭は「煮豆」「焼豆腐吸《すい》したじ」「ひじき白あえ」「切干し煮つけ」「芋茎《いもがら》あぶらげ」「あぶらげつけ焼」「小松菜ひたしもの」などが出てくる。

江戸庶民の人気のおかずだから、高級な食材や贅沢《ぜいたく》な料理は出てこない。当時の相撲には横綱はなく、大関が最高位とされていた。したがって、おかず番付でも、大関がトップということになる。

精進方の人気第一位は「八杯豆腐」だが、これは豆腐を細長く切り、水と醤油を加え、鰹節のだしで煮る。最後に葛《くず》でとろみをつけて出す。一汁一菜の場合、飯と漬物、それに八杯豆腐という取り合わせもあった。

そのほかの食材を見ても、油揚げ、ひじき、切干し大根などだから、できあがった料理は、どれも安くて手軽なものばかりだ。とくに長屋暮らしの庶民にとって、安くて手軽な惣菜が一番だった。これらの食材は、いまでもよく使われている。

魚類方を見ると、大関は「めざしいわし」である。鰯《いわし》の目刺《めざし》は、鰯に塩をふり、数尾ずつ竹か藁《わら》などで目の部分を刺し連ね、乾かしたもので、いまでも健康食品として人気がある。長屋でも、そのまま七輪《しちりん》で焼いて食べることができるので、よく食べていたようだ。江戸前の魚介類は豊富だが、一般的に高価で手を出しにくい。庶民が気安く食べることができたのは、鰯の目刺のように安くて体にいい、とされるものだった。

関脇は「むきみ切干し」たが、これは浅蜊《あさり》や蛤《はまぐり》のむき身と切干し大根を、薄味で煮たものだ。小結は「芝えびからいり」で、水を加えず、芝えびをそのまま煎る。いまでも酒の肴として出てきそうである。

前頭に「まぐろからじる」というのがあるが、「空汁」は実《み》の入っていない味噌汁のこと。そこに鮪《まぐろ》だけを入れたもの。いま鮪は大人気で、値段も高い。しかし、江戸時代には鮪は不人気で、見向きもされなかった。それだけに安く、長屋暮らしでも買うことができた。

ほかに前頭には「小はだ大根」「たたみいわし」「いわし塩焼き」「まぐろすき身」「塩かつを」「鰊《にしん》塩びき」が並ぶ。

このほかで「たたみいわし」は、いまでも食べる人が少なくない。これは鰯の稚魚を生のまま、紙漉《す》きのように薄く板状にして、天日で干したもの。食べるときは、軽く炙《あぶ》るだけでいい。「まぐろすき身」は、鮪を薄くそいで切り、さっと塩漬にしたものだ。

いまのように冷蔵庫や冷凍庫がないので、保存するためには、塩漬にするか乾燥させるしかなかった。
庶民に人気のあるおかずといっても、この番付が物語るように、どちらかといえば質素なものばかりだった。しかし、どれも旨くて健康的だ。

料理との相性がいい米の飯

和食といえば、主食は白い米の飯ということになるが、江戸初期にはまだ玄米に近いものを食べていた。

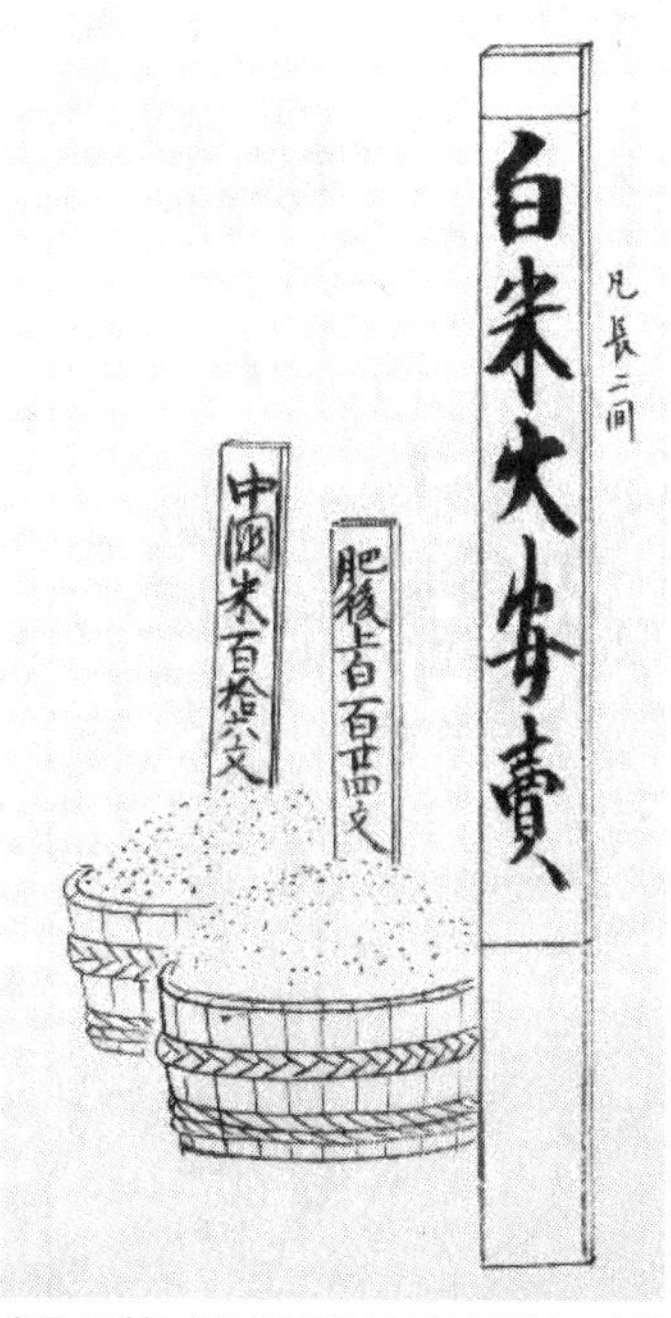

米屋の看板（『守貞漫稿』国会図書館蔵）。白米が普及したのは元禄年間（1688～1704）ごろ。米屋では産地と値段を表示していた。

現在、健康や美容のためと称して、雑穀を混ぜた飯や玄米を食べる人が多くなっている。しかし、江戸時代にはそれが普通の食べ方だった。『守貞漫稿』には、飯についてつぎのようにある。

「三都（江戸、京、大坂）とも皆粳米《うるちまい》を釜中《かまちゅう》に炊き、更に他穀を交へず。鄙《ひな》は米のみの飯を食する所もあれども、多くは麦を交へて食す。粳一種の釜炊飯を、俗に〝こめのめし〟又〝しろめし〟とも言ふ」

これは江戸後期の状況だから、それ以前には麦をはじめ、稗《ひえ》や大根などを混ぜて炊いた糅飯《かてめし》を食べる人も少なくなかった。とくに地方では米七、麦三の割合が普通で、逆に麦七、米三という地域もあったほど。だが、江戸の町では、裏長屋の住人でも「白米を食べている」と自慢した。

玄米を白くするには、搗《つ》いて皮を取り除かなければならない。これを精白というが、その専門業者は「米搗き」と称した。米搗きが江戸市中に現れたのは、承応・明暦年間（一六五二〜五八）以降のことだといわれる。その後、元禄ごろ（一六八八〜一七〇四）には米搗きもふえ、白米が普及した。

米を搗くには、川の近くであれば水車の動力を利用してできたが、町中では人力に頼るしかない。米搗きは、餅搗き用よりも大きく、米がまわりに飛び散らないように縁をつけた臼に玄米を入れ、杵で搗く。

店をかまえている搗屋のほか、杵を担ぎ、臼を転がしながら、得意先をまわり歩く者もいる。その姿で市中を歩いていると、得意先でなくとも呼び込む客もいた。

米搗きは越後（新潟県）や信濃（長野県）からの出稼ぎが多く、大食漢で力持ちだった。体力が必要なうえ、時間のかかる仕事だったから、依頼主は代金のほか食事を出すことになっていた。

このようにして白い米の飯が普及していくと、納豆をはじめ、野菜や魚の煮つけなど、どのような副菜であっても飯をおいしく食べることができる。つまり、白い飯は、どのような料理とも相性がいいのだ。そのため料理が多様化し、和食が豊かになっていったのである。

白米の普及が生んだ奇病「江戸煩い」

白い飯が普及すると、食事がおいしくなる。いまでも、炊きたての飯に卵をかけるだけでいいとか、極端な例では米がおいしいのでおかずはいらないという人もいる。それほど、日本の米は旨い。

ところで、江戸時代、白米ばかりを食べるようになると、原因もよくわからない奇妙な病が流行する。とくに地方からやってきて、江戸に長期滞在する商人とか、江戸武士がこれにかかったので、人びとは「江戸煩《わずら》い」といって恐れた。

症状はというと、なんとなく気が滅入ったり、足や膝がだるくなってくる。顔がむくみ、食欲もない。「ひどくなると必ず死ぬ」といわれた恐ろしい病だった。

しかし、江戸を離れて故郷に帰ると、すぐ自然に治った。

この「江戸煩い」の正体は、ビタミンB_1の欠乏からくる脚気《かっけ》だった。玄米を搗《つ》いて白米にすると、糠《ぬか》が出る。糠は多くのビタミンB_1を含み、そのほかのビタミン類やミネラルもある。これらを取り除いた白米を食べつづけたのだから、脚気になるのも無理はない。

五代将軍綱吉《つなよし》が上野《こうずけ》国館林《たてばやし》藩（群馬県館林市）主だったころ、江戸煩いで苦しんだことがある。言い伝えによると、名医の治療を受けたのに快方に向かわないため、陰陽師に占わせた。すると、「江戸城の西方にある〝馬〟の字のつく土地で療養すれば治る」と出た。

綱吉は練馬（東京都練馬区）に下屋敷を建てて移り住む。ここで療養したのだが、とくにやることもなく、時間をもてあました。そこで、尾張（愛知県西部）から大根の種を取り寄せ、畑に蒔《ま》かせてみたところ、見事な大根が育った。綱吉は、この大根を食べているうちに、まもなく江戸煩いは完治したのだという。

いまなら、江戸煩いは（脚気）は栄養の偏向、とくにビタミンB_1の不足だということは常識のようなものだ。しかし、江戸の人びとは、だれも気づかない。さまざまなものを食べる庶民はまだしも、江戸煩いは白米ばかりを食べる多くの人を苦しめた。

漬物を多様化させた米糠

白い飯は、恐ろしい病を流行させたが、悪いことばかりがあったわけではない。玄米を搗《つ》くようになって、糠が大量に、しかも安価で出まわったのである。

玄米食が主流のころは、糠は貴重品だった。米搗きをする人が少ないから、あまり糠が出てこない。そのため、糠を買い集める「糠買い」という商人がいたほどだ。

精米したときに出る糠は、捨てるのではなく商品として売買されたのである。米搗きが普及し、糠が多く出まわると、沢庵漬など糠を使う漬物が盛んになった。

さらに糠袋や肥料などにも使われた。糠袋は、糠を入れた布製の小さな袋で、風呂に入るとき、これで体の汚れを洗った。糠には洗浄成分となるタンパク質が含まれており、これが汚れを落としてくれる。また、糠に残っている脂分などで、肌がしっとりと潤う。だから湯屋に行くとき、自分でつくった糠袋を持っていくのが江戸の女性のたしなみだった。糠袋を忘れたときは、湯屋で売っている糠を買い、袋を借りて糠を詰めて使ったのである。

そのほか、糠袋で板の間や柱を磨くと、ぴかぴかにきれいになる。糠には、そのような利点が多い。

糠が出まわったおかげで、漬物の専門店もできた。当初は、八百屋が売れ残った野菜で漬物をつくり、店先で売っていたのに、漬物屋が現れ、天秤棒で市中を売り歩くようになった。

江戸後期になると、漬物の高級品が出てくる。江戸京橋の川村与兵衛という漬物屋では、いろいろな漬物を薄く切り、数品を取り合わせ、折詰にして売り出していた。見た目も美しく、贈物に人気だが、小さな折詰で百四十八文（約三千七百円）だった。

漬物の種類は、菜の塩押し、沢庵漬、茄子《なす》の塩押し、茄子の酒粕漬、大根漬、生姜《しょうが》の梅酢漬、梅干漬、茄子辛子漬、紫蘇《しそ》葉辛子漬、らっきょう漬など、じつにさまざまだった。すでに漬物は食事に不可欠なものになっていたが、野菜の種類がふえてきたこともあって、漬物の多様化が進んだ。

下級武士が利用した賄屋

江戸には、地方から単身赴任してきた下級武士が多かった。

彼らは藩の江戸屋敷、長屋で暮らしていたが、経済的な余裕はなく、食事は質素にせざるをえない。上級武士であれば、刺身や酢の物、煮物など種類は多く、豊かな食事を楽しむことができた。

しかし、下級武士には、贅沢《ぜいたく》が許されない。日常の食事は「一汁一菜」が基本で、飯と味噌汁、漬物、ほかに豆腐か野菜の煮物、焼いた鰯《いわし》などがつけば、上等とされていた。庶民の食事と、あまりちがいはなかったようだ。

商家の奉公人は、住み込みだし、食事つきだから食べる心配をしなくてもすむ。だが、下級武士は自炊するのが普通だった。といって料理に手間をかけている暇はないし、調理したものを買うのが便利だ。自分たちでやるにしても、野菜や魚を入れた鍋が手軽で旨い、と人気だった。

下級武士がよく利用したのは「賄屋《まかないや》」とか「菜屋《さいや》」「煮売屋」だが、賄屋は仕出し屋のようなものである。

享和二年（一八〇二）刊の『賤《しず》のをだ巻《まき》』によると、江戸城中の宿直《とのい》（泊番）とか、組屋敷の独身者のなかに、賄屋に一汁一菜の弁当を注文し、運ばせる者がいたという。賄屋はそのほか毎日、各所の見附警固の番人や、定期的に行われる寺社参詣の供回りなどにも弁当を入れていた。

菜屋は、煮しめなどを売る惣菜屋、煮売屋と同じで、下級武士だけでなく、庶民も盛んに利用していた。いまでもこのように調理したおかずを売る店は多い。

『守貞漫稿』は、この商いについてつぎのように記している。

「江戸諸所往々これあり。生鮑《なまあわび》、するめ、刻みするめ、焼豆腐、こんにゃく、くわい、蓮根《れんこん》、牛蒡《ごぼう》、刻み牛蒡などを醤油の煮しめとなして、大丼鉢に盛り、見世棚に並べ、これを売る。煮豆売りを兼ねたる者あり」

店舗をかまえて商う者は、看板代わりに魚や蛸《たこ》などを軒先にぶらさげていた。ところが、いつのまにか盗まれていたという。

振売りをする者もいた。数種類の惣菜を岡持に入れ、天秤棒で担ぎながら、大名屋敷の勤番長屋、中間部屋などを売り歩いたのである。

武士のなかには、屋敷の庭で野菜をつくり、自給自足する者もいた。春になると苗売りがやってくるから、茄子《なす》など野菜の苗を買って植え、家計の足しにした。

武士といっても収入に高低があり、さまざまだった。もっとも身分の低い武士は、年収がわずか三両一分しかない。ここから「三一侍《さんぴんざむらい》」ということばも生まれた。一分は一両の四分の一だが、一両十万円で単純換算すると、三両一分は三十二万五千円。家賃は払わなくていいし、税金もかからないとはいえ、この年収で暮らすのは容易でない。そうした事情から下級武士の内職が盛んに行われていた。

そうした一方、江戸屋敷の長屋で暮らす勤番侍のなかには、暇をみつけて江戸見物に出かける者が少なくなかった。そうした折に屋台や料理茶屋で外食するのが楽しみだった。

上司へ弁当を振舞う武士

現在、昼時になると、昼めしを求める人びとが町中にあふれる。ラーメンや和食、洋食など、さまざまな店が割安のランチを提供しているから行列ができることも多い。

しかし、その反面、昔ながらの弁当も人気がある。栄養のバランスを考えて自分でつくるという若い男性もいるし、愛妻弁当もある。そのせいか弁当箱も種類が多く、これを買い求める外国人がいるほどだ。

江戸時代にも弁当はあった。江戸城に通勤する武士のなかには、自分の弁当だけでなく、余分の弁当を持参する者もいた。詰所で組頭に振舞うためだが、新入りが上司から弁当の振舞いを強制されることもあったらしい。

このような傾向が過度になっていたのだろう。幕府は享保二十年（一七三五）九月二十七日、ついに殿中の諸役人に対して自粛を命じた。

「以前から注意していることだが、殿中のそれぞれの部屋に食べ物や酒を持参し、自分が食べるだけでなく、ほかの人にも振舞っていると聞きおよぶ。殿中にあっては、礼儀にはずれることである」

として、つぎのように心得よ、というのである。

「殿中に昼時、詰めている役人には、表の大台所で昼食を用意する。したがって、各詰所に食べ物を持参してはならない」

「昼夜ともに食事が支給されない者は、自分が食べるだけの弁当を持ってくること。ほかの人に振舞うために持参してはならない」

「泊番（宿直《とのい》）には夜食を支給する。しかし、用心のため、自分の弁当を持参するのは自由である。また、組頭に振舞うため、余分に持ってくるのはいいが、それ以外の人に振舞うために持参してはならない」

こうした自粛令が出るほど、当時の武士は上司に酒食を振舞い、胡麻《ごま》をすっていたわけである。

屋台では下級武士も外食を楽しむ

上級武士は、屋台で立食いをすることはなかった。それは、いやしい連中のすること、と考えていたからだ。しかし、下級武士は庶民と一緒に屋台で食べた。

文化二年（一八〇五）刊の絵巻物『近世職人尽絵詞《きんせいしょくにんづくしえことば》』には、屋台に顔を突っ込んで食べている武士の姿が描かれている。

天麩羅《てんぷら》屋の前に立つ男は、二本差しだが、着流しだし、草履をはいているから下級武士である。体裁を気にしているのか、頭に手拭を乗せ、顔をかくしている。

屋台の天麩羅屋は、串に刺して揚げ、大皿に並べて売る。客は丼に入ったたれをつけて食べた。値段はネタによって異なり、一串四文（約百円）から六文（約百五十円）くらいである。安いから手軽に食べることができた。

『近世職人尽絵詞』には四文屋の屋台も描かれており、そこにも武士がいる。この店は、おでんの具を串に刺し、どれでも四文で売るという店だった。

そのほか、屋台で繁昌したのは鮨、蕎麦である。下級武士は、このような屋台もよく利用した。

将軍と大名の食事情

将軍は、江戸城中奥で食事をするのが普通だが、むろん大奥で食事をとることもある。食事の内容は、長屋暮らしの庶民とは異なり、選び抜かれた食材を使い、料理人が腕を振るった。たとえば、朝食の献立は、いまから見るとそれほど贅沢《ぜいたく》なものではない。一の膳が汁、飯、向付《むこうづけ》（刺身、酢の物など）、平《ひら》（平椀に盛った煮物）、二の膳が吸物、皿（焼物）、香の物などである。

焼物は毎日「キス両様」といって、キスの塩焼と付焼を出した。キスは漢字で「鱚」と書くが、ここから「おめでたい魚」とされ、将軍の朝食に供されるようになったという。ただし、朔日《ついたち》、十五日、二十八日の三日は「尾頭付」といい、鯛や平目を出すことになっていた。

将軍の食事といっても好みがあるし、贅沢を禁じることもあって、つねに同じではない。八代将軍吉宗《よしむね》といえば、徹底した倹約政策を打ち出したことで知られる。みずからも質素を心がけ、着物も絹をやめ、木綿を着た。

食事の回数も朝五つ（午前八時）と夕七つ（午後四時）の一日二食。一汁三菜で、米は精白しない玄米を食べた。当時、世間でも一日三食が普及しつつあったので、側近の者たちが「世間並みに一日三食を」と勧めても、吉宗はそれを拒んだ。その理由をこう述べている。

「身を養うには、一日二食で十分。それ以上は腹の奢《おご》りだ。太平無事のとき、腹一杯食べるくせをつけていると、非常のとき、十分に働くことができない」

酒を飲む場合も、飲む前に盃の数を決めておき、それを過ごすことはなかったという。

十二代将軍家慶《いえよし》のころには、こんなことがあった。老中首座水野忠邦《ただくに》は天保の改革を断行。食べ物では、贅沢な料理や菓子、野菜などの初物、季節はずれの野菜などの売買を禁じた。

将軍家慶の膳には、煮魚や焼魚の薬味として芽生姜《めしょうが》（促成生姜）がついていた。ところがある日、家慶は膳に芽生姜がついていないことに気づく。給仕の小姓を叱りつけたところ、贅沢として禁じられたことを知る。

家慶は不快な顔をしたが、やがてこれが広まり、「きびしい禁令は老中水野忠邦の独断」と批判が高まったという。そのせいばかりではないが、結局、天保の改革は失敗に終わる。

では、大名家の食事はどうだったのだろうか。大名家といっても、石高がちがえば暮らしぶりも異なる。それに、加賀の前田家とか、熊本の細川家などでは、すぐれた料理書を残した料理人を抱えていた。それぞれの地域には独自の伝統料理があったから、江戸屋敷でもそうした故郷の味を楽しんだ。

一般的に食事の基本は「二汁三菜」である。二つの汁物は、蛤《はまぐり》とか、兎《うさぎ》肉の澄まし汁で、あっさりしたものだった。

三菜のなかには、いまの鯛の活けづくりのようなものはない。刺身はあっても量は少ない。あとは野菜や豆腐の煮物など、いまの健康食のようなものだった。

近年、東京で大名家の江戸屋敷跡が発掘されたが、そのなかから真鯛、鰈《かれい》、鯵《あじ》、鱸《すずき》、鯒《こち》、眼張《めばる》、蛤、鶏、真鴨のほか、数は少ないものの、猪や兎などの骨も出土している。これらは日常食ではないが、ときには儀式に伴う宴会が催され、豪華な膳が出たことを物語っている。

しかし、大名の食事は孤独なものだった。いまなら家族が一緒に一つのテーブルを囲み、わいわい言いながら食べる。これなら食事も楽しいが、大名は小姓の給仕を受けながら、一人でもくもくと食べるのが普通だった。

小姓が相伴して、なにか珍しい話をしてくれるのなら、楽しい食事になる。だが、小姓には大名の世話をする役目があるものの、一緒に食事をするのは役目ではないし、許されないことだった。

武家が食べなかった食材

鰶《このしろ》、河豚《ふぐ》、鮪《まぐろ》といえば旨い魚で、庶民は喜んで食べた。しかし、武家はこれらの魚を絶対に口にしなかった。

鯨は二十五センチほどの魚だが、中等大のものは小鰭《こはだ》、鮗《つなし》といい、鮨の材料に使われる。これを食べないのは「この城を食う」に通じるからだった。また、この魚は切腹を命じられた武士に、最後に出されたことから「腹切魚《はらきりうお》」といわれ、忌み嫌われた、という説もある。

河豚は毒をもっているため、処理の仕方をまちがえると、中毒となって死ぬ。しかし、きちんと処理すれば、死ぬことはない。肉が淡泊で美味。だから季節になると河豚は食べる、という人は多い。

武士というのは、いざというとき戦場に出て死ぬべきもの、とされていた。それなのに河豚の毒に当たって死ぬなど、これほど不名誉なことはない。そこで用心して食べなかったのだ。

いま鮪は、握り鮨や刺身などにして食べるが、世界中で日本人ほど鮪好きはいない、といわれるほど。もっとも江戸時代は鮪は下魚とされ、見向きもしなかった。

鮪は「しび」ともいうが、これが「死日」に通じるとして嫌われた。慶長十九年(一六一四)刊の『慶長見聞集』も「しびと呼ぶ声のひびき、死日と聞こえて不吉なり」と書いている。

とくに将軍の献立はきびしく、魚ではほかに小鰭、鰯《いわし》、鮫《さめ》、鯥《むつ》、赤鱝《あかえい》、泥鰌《どじょう》など。鳥では、献立に乗せることができたのは、鶴、雁《がん》、鴨だけ。鶏はだめだった。動物で料理していいのは兎だけで、ほかのものは使えなかった。

野菜では、葱《ねぎ》や葫《にんにく》、韮《にら》、らっきょう、つくね芋、さやえんどうなど。当時は冷蔵庫がないから、まず腐敗しやすいものがだめだった。それは同時に食中毒を起こしやすいものを避ける、ということに通じる。さらに臭気の強い食材も使ってはいけない、とされた。

大奥のぜいたくな食事

江戸城大奥といえば、八百人とも千人ともいわれる女性ばかりが住む世界。その中心にいるのは、将軍の正室、御台所《みだいどころ》である。しかし、御台所だからといって一日三食、いつも将軍と一緒に食事をするわけではない。

将軍と御台所のために食事をつくる調理場は、御広敷《おひろしき》御膳所といい、広さは井戸つきの板の間で二百坪（約六百六十平方メートル）もあった。むろん、いくつかの小部屋があり、調理人たちの控室、器具の収納場所も設けられている。

御広敷というのは、大奥を陰で支える男性の役人が勤める場所だが、その御膳所だけで百四十人の男たちが仕事をしていた。御膳所の役人は、役得が多かったといわれる。

魚は中央部から切身を一つか二つとり、あとは捨てる。鶏は笹身だけを使い、残りは捨ててしまう。鰹節も二、三度削っただけで捨てるし、蒲鉾《かまぼこ》は必要量の倍をつくった。

いずれも選び抜かれた最高級の素材である。したがって捨てるといっても芥溜《ごみた》めに投げ込むわけではない。役人たちが分配して持ち帰り、弁当にするのだ。

料理をつくったり、運んだりする手順は複雑だから省略する。御台所のために用意される料理は十人前。そのうち、毒味をするため、一人前が減る。料理は温め直したり、盛りつけをととのえたりして、御台所の前に置かれる。

それを御台所が好きなように食べることができるなら気が楽だが、そうではない。御台所が箸をつけると、給仕の者が「お代り」と声をかけて膳を下げ、予備の膳を差し出す。ふたたび箸をつけると、またしても「お代り」となる。これは三度くり返されたが、三膳目に箸をつけるのは不作法とされていた。

つまり、いくらお気に入りの料理であっても、食べることができたのは、わずか二箸分だけ。ただし、御飯は三椀まで食べることができたが、これが終わると茶になった。

料理の献立は季節などによって異なるが、ある朝の献立は、つぎのようなものだった。
＊一の膳……御飯、卵を落とした味噌汁、〈御平《おひら》〉サワサワ豆腐の淡汁《つゆ》、〈置合《おきあわせ》〉蒲鉾、胡桃《くるみ》の寄せ物、金糸、昆布、鯛の切身、寒天など。
＊二の膳……〈焼物〉ほうぼう、〈お外《ほか》のもの〉玉子焼きに干海苔《のり》を巻いたもの、〈お壺《つぼ》〉煎豆腐、〈香の物〉瓜《うり》の粕漬、大根の味噌漬など。
ある昼時の献立は、蜆《しじみ》などの汁物、鯛の切身、蒲鉾、鴨の肉料理など。

八つ刻（午後三時ごろ）は、お茶の時間である。お茶（煎茶）とともに、羊羹《ようかん》、饅頭《まんじゅう》、干菓子、蒸菓子などが出る。菓子も毒味をした。

御台所の料理は十人前を用意したが、六人前が残る。これは当番の御目見得以上の女中たちが食べた。

しかし、大奥で暮らす女中たちの楽しみといえば、着物と食べることだ。それだけに、当番の女中のうち、御台所の残りものが当たらなかった者はひがむ。そうした者には、奥御膳所で御末《おすえ》（雑用係の下女）が炊いた御飯や調理した菜を配った。

奥女中たちが暮らす長局《ながつぼね》の部屋では「自分賄」といって、部屋ごとに食事の支度をするのが普通だった。そのため、多聞《たもん》という炊事担当の女性を抱えており、彼女たちが炊事場で御飯を炊き、料理をつくった。

炊事場にはカマドがあり、簡単な煮炊きはできた。だが、防火のため、揚げ物は厳禁だった。どうしても揚げ物が食べたい、という場合、御広敷の賄所に頼み、揚げてもらった。

献立は、部屋の主である女中の経済状況に応じ、好みの料理を選んでつくらせ、食事を楽しんでいた。魚介類や野菜などはもらいものが多く、買うことは少なかったという。

幕府から支給される扶持《ふち》米は、一人分が玄米が三合、一か月分ずつ渡された。余裕のある女中は、精米を城外の業者に頼む。だが、節約しようと思えば、部屋内で精米しなければならない。多聞がこれを担当し、大きな擂鉢《すりばち》に玄米を入れ、すりこ木ですって精米した。

そうした苦労はあるが、食事は裏長屋の人びとよりはるかに贅沢《ぜいたく》だった。

第二章

江戸でつくられた和食の基本

一日二食から三食へ

和食の伝統的な形態は「一日三食」であり、「一汁三菜」である。この形態が確立されたのは江戸時代のことだが、食事の回数でいえば、江戸初期はまだ「一日二食」だった。「一日二食」の時代は長くつづいたが、平安初期の宮中の制度などをまとめた『延喜式《えんぎしき》』によれば、当時も一日二食で、天皇に捧げる朝食を「朝御食《あさみけ》」、夕食を「夕御食《ゆうみけ》」と称していた。

朝食と夕食のあいだに間食をすることがあったが、これは食事の回数にかぞえなかった。『枕草子』に、つぎのようにある。

「工匠《たくみ》の物くふこそいと怪しけれ、新殿を建てて、東の対《たい》だちたる屋を作るとて、工匠ども居並みて物くふを」

大工たちが仕事の手を休め、なにかを食べながら一息入れているところだ。肉体労働をしているのだから、二回の食事では体がもたない。だが、貴族からすれば、不思議な光景だった。

しかし、室町末期になると、僧のあいだで点心《てんしん》が普及した。当初は間食だったが、これが中間の食事となり、一日三食が定着した。武士や庶民に一日三食が広まったのは、江戸時代になってからのことである。

天保三年（一八三二）に刊行された藤井高尚《たかなお》の随筆集『松の落葉』には、つぎのように記されている。

「近頃のように上下を問わず一日三回食事をするようになったのは、ごく最近のことで、おそらく明暦（一六五五～五八）前後からのことと思われる。それより前の慶長（一五九六～一六一五）、元和（一六一五～二四）、寛永（一六二四～四四）のころまでは、まちがいなく一日二食だった」

町家の食事の様子（『日ごとの心得』国会図書館蔵）。食事内容は飯と香の物のほか、なにか一品つけただけの簡素なもの。汁は省略されている。

一日三食へと急速に変化したのは、明暦三年（一六五七）、江戸市中の六割を焼き尽くした明暦の大火（振袖火事）がきっかけになっている。復興のために諸国から多くの大工や人夫・職人などが江戸へ流入した。仕事はきびしく、体力の消耗も尋常ではない。そこで体力を維持するため、三度の食事をとるようになったのである。

江戸後期になると、昼食はかなり普及してきたようだ。文政十三年（一八三〇）の自序がある喜多村信節《のぶよ》の随筆集『嬉遊笑覧《きゆうしょうらん》』には、つぎのようにある。

「武家では昼食を食べることは昔はなかった。昼飯は動き働く人が食べるものである。（中略）昼食のことを、侍は中食といい、町人はひるめし、お寺では点心、旅館では昼休み、農民は勤随《ごんずい》、宮中の女房ことばでは御供御《おくご》といった」

そうしたなかにあって八代将軍吉宗《よしむね》は、一日二食にこだわりつづけた。吉宗といえば、徹底した倹約政策が有名で、みずからも質素を心がけ、着物も絹ではなく、木綿を着た。食事も一日二食とし、一汁三菜ですませた。

当時、世間では一日三食が普及しつつあった。それに江戸には近郊から野菜や魚など、さまざまな食材が集まってくるから、食生活も豊かになっていた。そこで側近の者たちも「世間並みに三食を」と勧めたが、拒んだ。

「身を養うには一日二食で十分。それ以上は腹の奢りだ」

これが吉宗のいい分だった。

和食文化は江戸で成熟

和食の基本は江戸時代につくられたといわれるが、その歴史は古い。大まかにいえば、米の飯を中心に、野菜や魚などを組み合わせて食べるのが和食の基本である。だが、日本人は古代からそのような食事をしてきた。

和食文化は、江戸で一つの成熟期を迎えたといってよいが、米、野菜、魚などを組み合わせるという食べ方は、すでに奈良時代、平安時代にあった。むろん、江戸時代の料理方法にくらべると、素朴なものだったが。

長屋暮らしの食事風景（『日用助食 竈の賑ひ』国会図書館蔵）。米と芋に多めの水を加え、塩で味つけした芋粥である。飢饉になると、このような質素な食事になった。

たとえば魚では鱠《なます》とか塩漬、干物、焼物など素朴な方法で調理したものを食べていた。鱠は魚肉を薄く細く切り、酢に浸したもので、刺身の祖型といってよい。当時は冷蔵庫などもなく、あまり保存できないので、酢に浸したのである。

食材もじつに豊富だった。平安中期の承平年間（九三一～三八）に撰進された『倭名抄《わみょうしょう》』（正式には『倭名類聚鈔《わみょうるいじゅしょう》』）は、わが国初の漢和辞書だが、これには約二百種類の食品が収録されている。当時は、それだけの食材が食べられていたということなのだろう。

主なものをあげてみると、米や小麦、蕎麦《そば》、粟、大豆、小豆、胡麻《ごま》などの穀類をはじめ、蕪《かぶ》、高菜、大根、茗荷《みょうが》、生姜《しょうが》、人参、胡瓜《きゅうり》、茄子《なす》、苺《いちご》、里芋、葱《ねぎ》、葫《にんにく》、らっきょう、牛蒡《ごぼう》などの野菜や根菜は、いまでも食べているものが多い。もっとも、その後、品種改良が行われ、味は向上している。当時のものは素朴な味だったにちがいない。

魚介類では、鰹《かつお》、鮫《さめ》、真鯛、鰈《かれい》、細魚《さより》、鰻《うなぎ》、海老《えび》、鯵《あじ》、鯖《さば》、鰯《いわし》、河豚《ふぐ》、鮭、鱒《ます》、鱈子《たらこ》、鮎、白魚、鮪《まぐろ》、鯨、さざえ、うに、蛤《はまぐり》、馬蛤貝《まてがい》、蜆《しじみ》、北寄貝《ほっきがい》、鮑《あわび》、牡蠣《かき》、烏賊《いか》、蛸《たこ》、なまこなど、さまざまである。

ほかに昆布や若布《わかめ》、青海苔《のり》、布海苔《ふのり》、ところてん、ひじき、もずくなどの海藻を食べていた。雉《きじ》、鳩、鴨、猪、鹿、兎、豚などの禽獣。さらに石榴《ざくろ》、梨、栗、一位《いちい》、橡《とち》、ぐみ、杏《あんず》、林檎《りんご》、桃、梅、柿、枇杷《びわ》など果実や堅果も多い。

こうしてみると、じつにさまざまな食品を食べていたことがわかるし、いまとさほど変わらないのでは、と思う人もいるだろう。しかし、当時、こうした食品を口にできたのは、主に貴族や官吏だった。

全般的に貧しく、住まいにしても地方の農民たちは、掘建て小屋か竪穴住居だった。庶民の食事は、玄米飯だが、江戸時代になると、江戸への人口集中がはじまり、暮らしも豊かになっていく。江戸後期には、先に述べたように白米が普及し、料理もさまざまなものがつくられるようになった。

独自の工夫をした精進料理

和食は奈良時代、平安時代を経たあと、外国の食文化の影響を受け、変化していく。鎌倉時代には、中国から伝えられた精進《しょうじん》料理を大胆に取り入れたし、室町末期から江戸前期にかけては南蛮料理が伝来した。

精進料理は、もともと中国の禅宗寺院でつくられていた料理だった。仏教に不殺生戒《ふせっしょうかい》というのがあり、これを守るために魚や鳥などを使わないとされた。野菜や穀物、海藻、豆、木の実などを精進物といい、精進物だけを用いた料理を精進料理と称した。魚や鳥肉などを使わないのに、豆や穀類、野菜だけを使いながら味つけに独自の工夫をし、あたかも鳥肉を思わせるような料理をつくり出したのである。

その典型的なのは「雁《がん》もどき」だが、これは「雁の肉に似た味つけをした食べ物」のこと。当初は麩《ふ》を油で揚げたという。その後、改良され、豆腐を崩して水分を取り除き、つなぎに山芋《やまのいも》や卵白などを加え、牛蒡《ごぼう》や人参を細かく刻んで混ぜ、さらに銀杏《ぎんなん》や麻の実などを入れてまるめ、油で揚げたあと煮しめる。

『守貞漫稿』は、つぎのように述べている。

「京坂（京と大坂）では、ひりょうず（飛竜頭）、江戸ではがんもどきといい、雁戻と書く。豆腐を崩して水を除き、ごぼうのささがきや麻の実を加えて油揚げにしたものをいふ。価格は八文ほど」

八文は、いまの価格で約二百円。上方でいう「飛竜頭」は、ポルトガル語の「ヒロス」（filhós ＝揚げ物）が転訛《てんか》した語とされる。

これは江戸時代のことだが、精進料理を食べるようになって以来、大豆は重要な食材となった。豆腐や納豆、味噌などに加工され、広く用いられた。

いまでも朝食に、飯とともに豆腐と若布《わかめ》を入れた味噌汁を食べる人は多いだろう。

豆腐は唐代の中国でつくられたが、日本では室町時代から食べるようになった。つくり方はむずかしくない。大豆を水に浸したあと、石臼ですりつぶす。この汁を温めると豆乳となり、煮立てて表面に浮かぶ皮膜を引き上げ、乾燥させると湯葉《ゆば》になる。豆乳に苦汁《にがり》を加えると、やがて固まり、豆腐ができあがる。

味噌の原型は中国の醬《じゃん》だが、納豆も中国や朝鮮から伝来したとされ、いずれも精進料理に用いられてきた。南北朝時代にまとめられた『庭訓往来《ていきんおうらい》』（江戸末期まで寺子屋の教科書として使われた）は、つぎのような精進料理をあげている。

・汁物……豆腐汁、雪林菜（おから）、自然薯《じねんじょ》汁、筍、山葵《わさび》の冷汁
・煮物……牛蒡煮染《にしめ》、蕗《ふき》の煮染、昆布、あらめ煮、蕪煮物、筍蒸し
・酢の物……蕪酢漬、酢漬茗荷《みょうが》、茄子《なす》の酢和え、胡瓜《きゅうり》甘漬、酢和布
・煎物……煎豆、松茸酒煎《さかいり》、平茸の雁煎
・菓子……生栗、蜜柑《みかん》、串柿、干棗《ほしなつめ》、瓜、菱、慈姑《くわい》
・点心……うどん、饅頭、そうめん、棊子麵《きしめん》

精進料理の枠を超えた豆腐と納豆

豆腐や納豆などの大豆加工品は、精進料理の枠を超え、やがて和食にとって重要な食材になっていった。平安時代からつくられていたほど歴史の古い豆腐だが、豆腐の店ができたのは、江戸時代のことだった。

江戸の長屋暮らしでは、朝食は飯のほか、豆腐汁か納豆汁、それに漬物というのが定番で、長屋には毎朝のように豆腐とか納豆を天秤棒で担ぎ、売りにくる。

一般的にいって、江戸の豆腐は大きくて固いが、京坂は小さくてやわらかい、というちがいがあったようだ。『守貞漫稿』によれば、江戸後期のことだが、豆腐一丁が五十六文（約千四百円）から六十文（約千五百円）である。これを半丁とか四分の一丁に分けて売った。四分の一丁なら十四文（約三百五十円）だから買いやすい。いまの一丁よりはるかに大きく、四分の一丁でちょうどよかったという。

ちなみに京坂では一丁十二文（約三百円）だったから、大きさが江戸の四分の一か、五分の一程度だった、と考えられている。

もともと豆腐は味が淡泊だから、味噌汁にするだけでなく、調理の仕方によってはさまざまな味つけが可能な食材だった。天明二年（一七八二）には『豆腐百珍』という本が出版され、豆腐料理のブームになったほどだ。

この本には、豆腐を素材に、さまざまな調理法で百種類もの料理をつくり、紹介している。その新鮮な切り口が評判を呼び、その後、『豆腐百珍続編』『豆腐百珍余禄』などが出版された。三冊を合わせると、二百七十八種の豆腐料理のレシピが紹介されたのだから、種類の多さにおどろくほかない。

江戸後期には食生活が豊かになり、庶

紙鍋で豆腐のぐつ煮を調理（『万金産業袋』国会図書館蔵）。紙は水分があれば火にかけても燃えない。それだけに紙鍋は簡単で便利。

民も「どのように調理するのか」など、料理への関心が高まっていた。旨いものを食べるだけでなく、自分でも工夫してつくってみたい、という気持ちが出てきたのである。長屋には、東天が明るくなりはじめると、納豆売りがやってきた。納豆をザルに入れ、天秤棒で担いで売りにくる。

納豆が商品化され、売り歩くようになったのは、寛政年間（一七八九〜一八〇一）のことだが、天保四年（一八三三）刊の随筆『世のすがた』には、つぎのように納豆事情が紹介されている。

「文政のころ（一八一八〜三〇）までは、たたき納豆とて、三角に切り、豆腐、菜まで細かに切りて、直《すぐ》に煮立てるばかりに作り、薬味まで取揃え、一人前八文（約二百円）ずつに売りしが、天保（一八三一〜四四）に至りては、たたき納豆追々やみて、粒納豆ばかりを売りにくる」

裏長屋の住人たちは、買ったばかりのたたき納豆を、だしと味噌を入れて熱くした汁に放り込み、納豆汁にして食べた。ところが、やがて醤油が長屋にまで普及したこともあって、粒納豆に醤油をかけて食べるようになったのである。

和食に影響をあたえた卓袱料理

室町後期から江戸初期にかけて多くの南蛮船が来航し、さまざまな南蛮料理が伝えられた。むろん、それ以前から中国の料理が伝来していたが、それら異国の料理は、日本料理に影響をあたえ、なかには日本化したものも少なくない。

たとえば、中国料理の八宝菜《はっぽうさい》は、肉や魚介、野菜などさまざまな食材を油で炒めたものだが、いまでは日本料理の一つかと思えるほど普及し、なじんでいる。

異国の料理を日本化した典型的なものは、卓袱《しっぽく》料理だろう。卓袱は、もともと「テーブルクロス」のことだが、やがて卓《たく》（テーブル）を意味するようになり、さらにその卓に乗せて出す料理を「卓袱料理」と称した。

長方形や円形の食卓に、大皿に盛った数品の料理を並べ、何人かで囲んで食べる。長崎は異国との窓口になっていたし、オランダ人商人が住む出島もあった。そうしたことから長崎に卓袱料理を出す店が多かったという。むろん、出島でも卓袱料理をつくっていたが、豚肉などの食材を用いた本格的なものだった。

出島のオランダ商館では、オランダ正月（新暦の正月）に通訳や書記、出入りの商人などを招き、オランダ料理を振舞った。料理は焼豚、ハム、魚のフライ、鶏肉のカツレツ、鴨肉の煮物、海老《えび》のスープなどで、日本人にとっては珍しい料理だった。中国料理の焼豚が入っているが、オランダ商館の料理人は中国人だったことによる。

江戸中期には京都に、後期になると江戸にも卓袱料理の店ができたが、これらは卓を使ったり、料理の出し方が似ていたりするだけで、料理の内容はあまり似ていなかったといわれる。

卓袱料理は、もともと中国料理だったが、やがて和食や西洋料理（オランダ料理）も加わり、同じ食卓に並べるようになった。そのため「和華蘭料理」とも呼ばれた。

日本料理は、そうした形式とは異なり、一人分ずつ並べる銘々膳が基本だった。しかし、やがて円形の食卓を家族で囲むように変化したが、そのきっかけになったのは、卓袱料理だった、といわれる。

また、明治初期には円形の食卓を卓袱台《ちゃぶだい》と称したが、これは「卓袱」の中国音が転訛《てんか》したものだ。

もう一つ、日本料理に影響をあたえたものに「普茶《ふちゃ》料理」がある。これは卓袱料理と同じように卓を用いるが、中国式の精進料理で、大皿に盛って出す。これをそれぞれが取り分けて食べた。特徴的なのは、油と葛粉を使う濃厚な味つけだった。

普茶は茶礼の一種だが、これが終わってから出す料理なので普茶料理と称した。いまでも普茶料理を出す店がある。

宴会好きな日本人

古代の日本人は飯や汁物のほか、鱠《なます》とか塩漬、焼物、干物など、素朴な調理で食べていた。しかも、一日二食の時代が長くつづき、食生活についてはさほど豊かとはいえなかった。

食生活に大きな変化が現れたのは、平安時代のことである。貴族たちが政治の実権を握る一方、座敷で大饗《だいきょう》を催すようになった。これは盛大な饗宴のことだが、中国の宮廷宴会を模したものといわれる。

まず台盤という四脚つきのテーブルを設置する。朱か黒の漆を塗った立派なもので、上面には少し高い縁をつけてある。これに食物を盛った器を乗せた。客と主人は椅子にすわって、この台盤を囲んだ。

料理は雉肉や鯉、鯛、鮑などの生もの、鮑、蛸、魚肉の干物、木菓子（干した果物）などが並ぶ。手前には飯のほか、塩や酢、酒、醬を入れた小皿、それに箸と匙が置かれる。料理の種類は、皇族などに菓子を含めて二十八品、陪席する公卿は二十品だし、官僚の場合は十二品だったという。食の階級化が明確になっていたわけだ。種類が多くなれば、珍しい食材も並べられる。いずれも切り方や並べ方が工夫されていて、一見したところ豪華に見えた。

しかし、調味料を使って煮たり、焼いたりするなど調理していない。そのため手前に置かれた塩や酢などを、好みに応じてつけながら食べた。

その後、鎌倉時代から室町時代にかけて、味噌や醬油などの調味料を使ったり、鰹節や昆布などをだしとして使うようになり、日本の料理は激変した。野菜の煮物、和え物、浸し物、香の物（漬物）などがつくられ、飯、汁、菜、香の物という取り合わせの基本ができたのである。

大饗は時代を経て、内容や構成は変化してきた。しかし、宴会の形式や料理などが変わったとはいえ、いまの結婚披露宴などにいたるまで、その本質は変わらない。

「一汁三菜」のバランスと漬物

和食の中心は米だが、味噌汁と一緒に食べると、いい状態で栄養を吸収することができる。そのうえ、栄養バランスを考えながら主菜（魚や肉、卵などを材料とした料理）、副菜（野菜、豆、芋などを材料とした料理）を組み合わせて食べるのが理想的な食事とされた。

食膳の構成でいえば「一汁三菜」だが、この食事スタイルが日本を世界的な長寿国にしたもとになっているのではないか、と指摘する専門家は多い。

「一汁三菜」の一汁は、一品の汁で吸物とか味噌汁など。三菜は三品のおかずである。主菜は魚や卵を主材料とし、副菜は野菜や芋などを材料とした料理だが、豆腐や納豆、煮豆なども膳に乗せる。

飯と汁、漬物（香の物）のほかに、三菜を添えるのが和食の基本。しかし、もっとシンプルに「一汁一菜」とか「一汁二菜」という食事も珍しくない。江戸の長屋では、そのようなシンプルな食事だった。

食べる順序は、飯やおかずを単品でそれだけを集中的に食べるのではない。味噌汁を飲み、飯を食べ、そのあとにおかず、飯、味噌汁、漬物などと、めぐりながらバランスよく食べていく。「一汁三菜」だけでなく、このような食べ方も高く評価されている。

和食に漬物は欠かせないが、その代表的なものは沢庵漬と糠味噌漬（糠漬）である。

漬物は、むろん世界中で土地特有の漬物がつくられてきた。一般的にいえば、欧米では酢漬が発達したが、わが国では塩味の漬物が主流だった。文献にはじめて漬物が登場するのは、平安中期にまとめられた『延喜式《えんぎしき》』の「内膳の部」で、宮中の宴に使われた漬物が紹介されている。すでに酒粕、味噌、醤油で漬物がつくられていた。

一般的な沢庵漬だが、その名の由来について『守貞漫稿』は、つぎのように書いている。

「大根の葉を去り、枯らして塩糠を以って漬けたる上方のかうかう（香香）と云ふ同製の物を、江戸では沢庵漬と云ふ。品川東海寺（品川区北品川三）の沢庵禅師始《はじめ》てこれを製す故に名とす」

このほか、沢庵和尚の墓石がまるい大きな石だったので、漬物石を連想し、沢庵の名がついたという説や、東海寺では漬物のことを「蓄え漬」といっていたことから、訛って沢庵漬となった、など諸説がある。

しかし、沢庵和尚が発明したというのは、誤解だ。大根の糠漬はすでに平安時代、沢庵和尚が生まれる七百年も前からつくられていた。

大根の糠漬（沢庵漬）は、生干大根を樽に入れ、糠と塩で漬け、強い重しを乗せてつくる。上方や地方の家族では、漬物はそれぞれ自家製だった。だが、江戸では住居が狭いし、保管場所がないなどの理由で、漬物を自分たちでつくる家庭はきわめて少なかった。

『守貞漫稿』によれば、商家などでは沢庵漬を練馬村（東京都練馬区）の農家に、一年分をまとめて注文していた。毎年、冬になると、練馬の農民が江戸の得意先から注文を受けた沢庵漬を馬に積み、運んできたという。

江戸庶民は、べったら漬も好きだった。

生の大根の皮を剝いて塩と糠で下漬けにして、少し水分を抜く。それから麴《こうじ》と砂糖でなじませる程度に漬ける。歯ごたえと甘味が魅力の漬物だ。浅漬ともいう。

べったら漬は、口いっぱいに頰張って、その歯ごたえを楽しむ。そこで一切れの目安は、沢庵三切れ分の厚さに切るのがよしとされていた。つぎのような川柳もある。

「浅漬をすなおに切って叱られる」

地方からやってきた下働きの女性か、嫁だろうか。なにも知らずに大根の漬物だからと、沢庵と同じように薄めに切って叱られた、というのである。

大根は消化酵素やビタミンCが多いので、食あたりや風邪の予防にもよい食べ物だ。また、麴を使っているので、代謝促進作用や細胞の老化予防など健康効果も期待できる。江戸の人びとは、そうした理屈を知らなくても、体験的に知っていたのだ。

糠漬は健康的な食べ物

江戸庶民は、糠味噌漬もよく食べた。

元禄八年（一六九五）に出版された『本朝食鑑《ほんちょうしょっかん》』は、糠味噌漬を取り上げ、その漬け方を紹介している。それによると、まず大豆の煮汁に糠と塩を加えてかきまぜ、そのなかに野菜を漬けるのだという。

このように大豆の煮汁に糠と塩などを加えてねったものが糠味噌で、これを糠床ともいう。ここには酵母や乳酸菌などが生息しており、このなかに漬けた野菜を旨く、健康的な漬物へと仕上げてくれるのだ。

江戸前期には、糠そのものが高価なものだった。しかし、江戸中期に玄米を精白して食べるようになり、白飯が一般的になった。同時に、精米したときに出る糠が安く売られるようになったため、糠味噌漬が普及したのである。

白米を食べるようになって「江戸煩《わずら》い」という奇病が流行した。米を精白した結果、ビタミンB_1が欠乏し、脚気《かっけ》になる人がふえたのである。だが、糠味噌漬を食べることによって、欠乏するビタミンB_1を補うことができた。

ところで、先にも述べたように、沢庵漬が品川東海寺の沢庵和尚の発明のようにいわれるが、これは誤解である。生干大根を塩と糠とで漬け、強い重しを乗せてつくる。この大根の糠漬、すなわち沢庵漬は、すでに平安時代、沢庵和尚が生まれる七百年も前からつくられていた。

いまは味の均一化が進んだともいわれるが、大まかにいって江戸の漬物はやや辛く、上方のそれは甘いという特徴があった。それというのも、江戸は大工や人夫、職人など筋肉労働者が多かったからだ。それにくらべると、上方は商人など知能労働者が多い、というちがいがあった。

いずれにせよ、糠味噌漬はすぐれた食べ物である。日本人が長い経験を重ね、そこから生み出した知恵の産物といってよい。さらに粕漬や酢漬なども同じである。

糠漬には独特の風味がある。それは米糠の香をはじめ、酵母や乳酸菌、酵素などの働きによって生じたものだ。それだけではない。ビタミンB_1、ビタミンB_2、ビタミンE、葉酸、カリウム、カルシウム、鉄、亜鉛などのミネラル、脂質、タンパク質、食物繊維など、さまざまなものが含まれている。体にプラスになるものが多い。

なぜ「香の物」というのか

野菜の漬物を「香の物」という。『守貞漫稿』にも「（香の物とは）すべての菜蔬《さいそ》（野菜）を塩、あるいは味噌、あるいは酒粕等に漬けたるを云ふ也」とある。なぜ「香の物」というようになったのだろうか。

もともと「香の物」とは、生の大根のことだった。大根には口臭を除く効果があるのに、生大根は年中あるものではない。そこで大根を漬けて保存するようにしたのだという。

ところで、香道といって香木を焚き、その香りを楽しむ典雅な遊びがある。ただ香りを楽しむだけでなく、香木の名をいい当てる競技でもあった。「香合《こうあわせ》」とも称した。

香をかいで香木を判断することを「香を聞く」というが、香をかぐ前に嗅覚をととのえておく必要がある。それにはどうするのか。

大根や茄子《なす》の糠漬をかぐのだという。その結果、嗅覚が改まり、香木の種類がよくわかるようになる。野菜の漬物を「香の物」と称したのは、そのことに由来する、とされる。

『守貞漫稿』は「香の物」について、こう述べている。

「塩糠にて乾大根を漬けたるを、京坂にては専ら香の物、或ひは香々とのみ云ふ。江戸にては沢庵漬と云ふ」

いまでも漬物のことを「おしんこ」「おこうこ」といったりする。「新香」は、新しく漬けたばかりの漬物を指すが、浅漬と同じで、野菜の新鮮な味を残した漬物だ。それに「お」をつけて「おしんこ」というのは、江戸風のいい方とされ、「新香」は上方風の呼び方とされる。

新香は「しんこう」といったが、やがて「しんこ」と約された。新しい香々、浅漬のことを「しんこう」と称した、ともいう。また、香の物を幼児でもいいやすいように「こうこう（香々）」といったという説もあり、詳しくはよくわからない。

いずれにせよ、糠漬には、独特の風味があるが、それは米糠の香をはじめ、酵母や乳酸菌、酵素などの働きによって生じる。実際、米糠に含まれている成分はさまざまだ。ビタミンB_1、ビタミンB_2、ビタミンE、葉酸のほか、カリウム、カルシウム、鉄、亜鉛などのミネラル、脂質、タンパク質、食物繊維など、種類は多い。糠漬を食べるというのは、白米が失った成分を取り戻すという効果もあるが、とくに糠漬に多い乳酸菌などは、腸の働きを促進する作用があると期待されている。

第三章

江戸の味——旨みと発酵

和食の旨みを引き出した発酵

和食の大きな魅力は、発酵食品が多い、ということだろう。糸引き納豆のようにそのまま食べるものもあれば、味噌や醤油のように和食の旨みを引き出す調味料として使うものもある。発酵という技術を利用し、和食を発達させてきた、といっても過言ではない。

現象的に見れば、発酵と腐敗とは同じこと。どちらも微生物の働きによって起きるが、人間にとって有益であれば発酵といい、不利益であれば腐敗という。

たとえば糸引き納豆だが、これは煮た大豆をわらづとなどに入れておくと、納豆菌がつき、ネバネバする糸引き納豆ができる。もし大豆に納豆菌ではなく、腐敗菌がつくと、有毒な物質に変化してしまう。腐敗したことになるのだ。

発酵にかかわる微生物を大きく分けると「カビ」「酵母」「細菌」の三種類になる。

カビは糸状菌ともいい、キノコをつくらない菌類。日本酒や味噌、醤油のほか、鰹節をつくるときにも使う。

酵母は、アルコール発酵を行う菌類で、酒の醸造やパンの製造に利用する。

細菌には病原体となる有害なものもあるが、食品加工に利用する有益なものも多い。たとえば、乳酸発酵にかかわる細菌（乳酸菌）はヨーグルトなどの乳酸飲料、チーズ、漬物などに用いる。

　このうち江戸庶民にもなじみが深いのは、麹《こうじ》である。これはカビの一種だが、米をはじめ麦や大豆などを蒸し、麹カビ（麹菌とも）を繁殖させてつくる。酒や味噌、醤油をつくるのに欠かせない重要なものだ。

　古くは大膳職《だいぜんしき》（宮中の会食料理などを担当した役所）で麹を管理していた。その後、室町時代になって本膳料理が

雛祭の白酒で有名な鎌倉河岸にあった豊島屋酒店（『江戸名所図絵』鎌倉町豊島屋酒店白酒を商う図　国会図書館蔵）。白酒の季節になると大勢の客で賑わった。ほかに居酒屋を経営。肴に大形の田楽を売り、評判を呼んだ。

普及するとともに、麹が地方にも広まった。やがて農村でも米麹を手に入れ、それぞれ自分たちの家で味噌や酒などをつくりはじめたのである。

江戸時代には、江戸の町にも多くの麹屋が商いをしていた。江戸城の西側、半蔵門（千代田区千代田）から四谷門（千代田区麹町六）にいたる甲州街道（新宿通り）沿いは、麹町といい、呉服屋や菓子屋、薬屋、雛人形店、料理茶屋が並ぶ商店街だった。

麹町という町名は、麹の製造業者が多かったことにちなむ。地名の由来については異説もあるが、麹屋が多かったのは事実のようだ。もっとも有名なのは、寛永八年（一六三一）から幕末まで幕府御用達をつとめた麹屋三四郎といわれる。

江戸市中には、このような店から仕入れた麹売りが麹を入れた長方形の薄い箱を十数個積み重ねて紐でしばり、天秤棒で担ぎ、売り歩いた。

『守貞漫稿』によると、中秋後、冬になるまで、米麹を売り歩いたという。江戸庶民は、これを買い、茄子《なす》などの野菜を漬けた。

発酵調味料は、古くから魚醤油《うおしょうゆ》（魚醤《ぎょしょう》とも）が使われていた。まず、いかなご、鰯《いわし》など魚介類を塩漬にし、発酵、熟成させる。すると汁が出てくるが、これを漉し、調味料にしたものだ。秋田地方の「しょっつる」はその一つで、現在も食べられている。

いまでこそ、発酵という作用によって、食べ物に含まれるタンパク質や澱粉《でんぷん》がブドウ糖やアミノ酸に変化し、旨みを生み出す、ということは広く知られている。江戸庶民はタンパク質とか澱粉を知らなくとも、発酵によって旨みが出てくるという仕組みは知っていた。だから麹を使って漬物をつくり、野菜をおいしくして食べたのである。

つぎに江戸の味をつくり出した味噌や醤油などについて述べてみよう。

初期の江戸は「手前味噌」が主流

江戸は職人や商人、人夫、そして武士など諸国からやってきた多くの人びとが暮らしていた。それだけに、江戸の食といっても、それぞれの地方の味が江戸に持ち込まれ、混在していて、初期には江戸独自の味というものがなかった。

味の決め手になるのは、魚や野菜など新鮮な食材もさることながら、味噌とか醤油などの調味料であろう。江戸の味をつくり出した味噌と醤油は、どのようなものだったのだろうか。

もともと味噌は「手前味噌」ということばがあるように、自家製が多かったようだ。それに原料も異なり、豆味噌、米味噌、麦味噌がつくられてきた。

豆味噌は、大豆を煮てつぶし、味噌玉をつくる。吊るし柿のように、味噌玉に縄を通し、のれん状にして土間に吊り下げておく。自然に味噌玉にカビがつき、これが麴の役目を果たす。その後、さっと洗って味噌玉をつぶし、食塩水を混ぜて桶に仕込むのだという。

一般的なのは米味噌だが、これは米麴と大豆を使う。混ぜる割合によって色も味も異なる。米麴を多く使えば、白味噌となり、甘味も多い。代表的なのは京都産だ。信州味噌は大豆も多いが、熟成期間が短いため、淡い色になるし、辛口である。

赤褐色に仕上げたものを赤味噌というが、仙台味噌、江戸味噌など、種類は多い。

麦味噌は麦麴でつくった赤黒い味噌で、辛いのが特徴とされる。

寛永二十年（一六四三）刊の『料理物語』によれば、初期の江戸では手前味噌が中心で、味噌をベースにした垂味噌《たれみそ》などで味つけをしていたという。垂味噌は、まず味噌に水を加えて煮詰める。これを袋に詰め、滴らせてつくるが、煮物に使った。

いずれにせよ、江戸周辺でも味噌はつくられていたが、当初、多くの人びとが急速に流入したため、需要に生産量が追いつかない、という事情があった。

そこで、まず三河（愛知県東部）、岡崎（愛知県岡崎市）などから味噌を取り寄せた。岡崎味噌は、いわゆる「八丁味噌」といわれるものだが、八丁味噌は岡崎の八丁（八帖町）から生産がはじまったので、この名がある。大豆と塩とを原料にした辛味噌で、暗褐色をしている。

江戸中期に出てきた「合せ味噌」

「江戸では味噌といっても、上方のものと同じではない。味ははなはだ甘く」

紀州藩付家老水野土佐守の侍医原田某は、江戸での見聞記『江戸自慢』を著したが、そのなかで、上方と江戸とのちがいについて書いている。江戸で誕生した「江戸甘味噌」は、大豆の風味が豊かな赤味噌である。しかし、「甘い」とはいえ、上方の白味噌とはかなりちがっていた。

それだけに、上方から江戸へやってきた人にしてみれば、不思議な味と思えたのであろう。むろん、江戸でも白味噌が売られていたが、値段が高かった。

江戸での人気は赤味噌だが、なかでも新和泉町（中央区日本橋人形町三）、酒屋四方《よも》久兵衛の店で売っていた赤味噌と銘酒滝水《たきすい》が評判で、つぎのように川柳に詠まれたほどだ。

「酒味噌でその名も四方にひびくなり」

大田南畝《おおたなんぽ》の別号に四方赤良《よものあから》という名があるが、これは四方久兵衛からとったものだ。

江戸にはさまざまな味噌が出まわっていた。山谷堀《さんやぼり》の有名な料理茶屋「八百善」では、赤味噌、仙台味噌、三年味噌、南部味噌、津軽味噌など、十二種類の味噌を季節ごとの汁物に使っていた、といわれる。

味噌といえば、味噌汁や味噌漬を思い浮かべる人が多いだろう。しかし、調理に使うほか、そのままおかずとして食べる習慣が古くからあった。飯につけて食べたりしたが、この味噌は「生味噌」という。川柳にも、つぎのような句がある。

「四五日はなまみそで喰うあら所帯」

あら所帯は新婚家庭のこと。経済的に困っているのか、「四、五日は味噌だけをおかずにして飯を食べた」というのである。名古屋では味噌を焼いて、おかずにする習慣があった。

御畳奉行として知られる尾張藩(愛知県名古屋市)の朝日文左衛門が残した『鸚鵡籠中記《おうむろうちゅうき》』には、元禄年間(一六八八~一七〇四)、名古屋で食事どきに、味噌を焼く煙を火事とまちがえて大騒ぎになった、と記されている。

江戸中期には「合せ味噌」といって、性質の異なる味噌を二、三種類混ぜるという食べ方が出てきた。味噌汁の色や濃さにこだわり、味の変化を求めるようになったわけである。全国的に見れば、味噌は風土と密接な関わりをもち、独自の風味が生まれた。

こくのある風味を好む江戸庶民

味噌は、農家などで自家用の発酵調味料として、容易につくることができた。しかし、醬油となると自家用としてつくるのはむずかしい。

とはいえ、味噌をつくる過程で醬油に近いものができる。味噌樽の底に溜まった汁で、これを「溜《たまり》」といい、当初、漬物に利用されたという。

その後、室町時代になって、本格的な醬油をつくるようになった。蒸した大豆と炒った小麦に麴と塩水を加え、発酵させたあと、しぼって液体の醬油を得るという方法だった。

江戸時代になると寛文年間（一六六一〜七三）ごろ、紀伊湯浅（和歌山県有田郡湯浅町）、播磨《はりま》竜野（兵庫県龍野市）で薄口醬油を大量生産できるようになり、名産地とされていた。江戸では、こうした上方の醬油を盛んに輸入し、享保年間（一七一六〜三六）ごろには、江戸で消費する醬油の七、八割は上方の醬油だったという。

江戸初期には、そのように上方から運ばれてきた薄口醤油を使っていた。しかし、関東でも銚子《ちょうし》（千葉県銚子市）や野田（千葉県野田市）で、醤油が盛んにつくられるようになる。上方の醤油は、色の薄い「薄口醤油」である。味や香りはあっさりしているが、塩分は多い。

一方、関東の醤油は、色の濃い「濃口醤油」で、大豆や小麦、塩を主原料とした。銚子では、大豆と小麦を同量の一対一として仕込む。大豆は蒸煮にするが、小麦は炒ってから砕く。これに種麹を混ぜ、室《むろ》で熟成させて麹をつくる。

仕込樽に大豆や食塩水を入れ、麹を混ぜ合わせて、諸味《もろみ》として一年ほど熟成させる。これを袋に入れてしぼり、加熱したあと、樽に詰めて出荷した。

やがて元禄年間（一六八八～一七〇四）ごろになると、銚子や野田の醤油が江戸でも人気が出てきた。とくに銚子のヤマサ、ヒゲタ、野田のキッコーマンは有名だった。

それというのも、江戸が発展するにつれて、関東各地や甲信越、東北から多くの人びとが江戸に流入し、上方の薄口醤油に物足らなさを感じる人がふえたこと。さらに利根川を関宿《せきやど》（千葉県野田市）までさかのぼり、江戸川を下って江戸へ出る、という水運が発達し、銚子や野田の醤油を江戸へ運ぶのが容易になったこともあげられる。

こうして江戸の味覚が「上方の薄口」から「江戸の濃口」へと変化した。江戸庶民は、濃厚な色やこくのある風味を好むようになった、といってもよい。同時に、濃口醤油が消費の主流となり、薄口醤油は売れゆきが鈍くなった。

文政四年（一八二一）、江戸に運ばれてきた醤油は約百二十五万樽だったが、そのうち上方からの醤油はわずか二万樽で、残りは関東産の醤油だった。

関東の濃口醤油が広く普及したため、蕎麦や天麩羅、鰻の蒲焼、佃煮などが江戸名物になった、といっても過言ではない。むろん、江戸庶民の食膳も豊かになった。

食べ方の変化もある。たとえば、生肉を細かく切り、そのまま食べるか、酢に浸して食べていた鱠《なます》は、醤油で食べるようになった。刺身である。江戸っ子に好まれた濃口醤油は、和食の世界にさまざまな新しさを生み出した。

江戸の味をつくった味醂

味醂《みりん》は、蒸した糯米《もちごめ》と米麹とを焼酎に混ぜて醸造したあと、かすをしぼり取ってつくる。甘味があり、和食を支える調味料として使われてきた。味醂を使って、魚の照焼《てりやき》、煮物などに甘味と照りを出す調理法がはじまったのは、江戸後期になってからだった。

戦国時代、中国から甘い蜜淋酒《みいりん》が輸入されたが、これが味醂の元祖だという。しかし、江戸初期には、まだ珍しい高級酒といった印象で、これをつくる酒屋も少なく、さほど普及しなかった。

値が高かったのは、慶安年間（一六四八～五二）の引札に、つぎのように記されていることでもわかる。

「大坂上酒四拾文、伊丹極上酒八拾文、極上味淋酒百文」

味醂の生産量がふえたのは江戸中期で、そのころには味醂を酒として飲む人がふえた。正徳二年（一七一二）刊の『和漢三才図絵』によると、「下戸や女たちが喜んで飲んでいる」というありさまだった。

いまも味醂は、糯米や麹、焼酎を原料として、醸造したものだ。アルコール度は十三度から十四度ほどだから、酒としての強さは清酒やワインとさほど変わらない。それを下戸や女性たちが楽しむようになった、というのである。

江戸時代には、麴づくりが未熟だったため、いまほど味醂は甘い酒にならなかったという。

やがて江戸後期になると、味醂は調味料として盛んに使われるようになる。その背景には、新しい調理法が考案されたり、味つけを工夫するなど、食の世界が広がったという状況の変化があった。食べる人もつくる人も、「いかに味わい深く」ということに関心を寄せるようになったのだろう。

煮物をはじめ、あんかけ、照焼など、しだいに味醂を使った料理の種類がふえていく。さらには蕎麦つゆ、蒲焼のたれなど、江戸で発達した食べ物に使われた。味醂は、それだけ江戸庶民の好みに合っていたといってよい。

日本料理は砂糖をよく使う

ヨーロッパなどでは、料理に砂糖を使うことが少ない。砂糖といえば、菓子づくりに使うと決まっていた。それにくらべると、日本料理では江戸時代から煮物や和え物、調味料のたれなど、砂糖をよく使う。いまでも日本のように砂糖を使う料理は珍しい、といわれる。

しかし、江戸前期には、砂糖はすべて輸入され、きわめて高価なものだった。それだけに薬種屋《やくしゅ》で売られ、いわば薬の一種として扱われていたのである。たとえば痰を切るとか、唇の荒れを治すためなどに使われていた。

室町時代には茶の湯が流行し、武将や豪商などに愛好する人がふえ、同時にさまざまな菓子がつくられ、砂糖の輸入もふえた。

砂糖が普及するのは、江戸中期以降のことだ。そのきっかけとなったのは、八代将軍吉《よし》宗《むね》が甘蔗《かんしょ》（サトウキビ）の栽培を奨励したことだった。

まず、甘蔗の茎をしぼるのだが、つぎにそのしぼり汁を煮詰める。このとき、石灰などを混ぜて灰汁《あく》を除外した。これを冷却すると、茶褐色の粗糖《そとう》ができあがる。当初は、この粗糖が黒糖として流通した。

その後、醤油や酒の醪《もろみ》をしぼる技術が応用され、白砂糖にすることに成功した。「押しブネ」といって、大きな樽に醪を入れ、その上から横棒で圧力を加える。横棒の一方を柱などに固定し、もう一方に重しを吊るして加圧するのだ。梃子《てこ》の原理を利用した方法だが、これと同様にして粗糖をしぼったのである。

粗糖は一晩で固まるが、つぎにこれを取り出して「研ぎブネ」という盆に入れ、水を加えながら米を研ぐように泥状にねっていく。これをふたたび「押しブネ」でしぼる。

こうした工程を三、四度くり返すと、糖液が蒸発し、蔗糖（砂糖の主成分である甘味成分）が結晶分離して残液が溜まる。これが黒褐色の糖蜜だ。

結晶になったものを日にさらして、もみほぐすと白砂糖となる。

寛政年間（一七八九～一八〇一）、讃岐《さぬき》（香川県）でこのような技術革新が起こり、白砂糖が大量に生産できるようになった。

結晶の細かい上質の白い砂糖を「三盆《さんぼん》」というが、それまでは舶来品だったので、「唐三盆」と称した。讃岐で国産化に成功すると「讃岐和三盆」、たんに「和三盆」というようになった。『守貞漫稿』は「三盆」の由来について、つぎのように書いている。

「日本上古これなく、中古以来、長崎入舶の蘭一種を持ち来る。蘭館の地名を出島と云ふにより、其糖を出島白と云ふ。支那よりは三種白糖を持ち来る。上品を三盆と云ふ。次を上白《じょうはく》、下品を太白《たいはく》と云ふ」

冷水（砂糖水）売り（『守貞漫稿』国会図書館蔵）

同じ白砂糖といっても質によって上中下とあり、上を三盆と称したという。いずれにしても砂糖が出まわると、江戸庶民も干柿や南瓜《かぼちゃ》、水飴などの甘さでは満足できなくなった。

夏になると「ひゃっこい、ひゃっこい」といいながら「冷水売り《ひやみず》」がやってくるのを待ちわびた。井戸から汲んだ冷水に砂糖と白玉を加えたもので、一杯四文（約百円）である。客が「もっと甘くしてくれ」といえば、砂糖の量をふやして八文（約二百円）、十二文（約三百円）などで売った。これほど庶民は砂糖の甘さを求めていたのである。

江戸後期になると、豆腐の田楽とか、茄子《なす》の鴫焼《しぎやき》などにも、調味料として砂糖が使われた。多量の砂糖を使ったのは、料理茶屋をはじめ、天麩羅《てんぷら》屋や鰻屋であり、菓子屋だった。

多様化した酢の調理法

鮨や鱠《なます》、野菜の酢漬など、酢はさまざまに使われてきた。酢は調味料として、塩とともに古い歴史をもつ。五世紀ごろ、中国から米酢が伝えられた。しかし、江戸時代には、酒づくりに失敗し、酢にしてしまったという話もある。

わが国の代表的な酢は米酢だが、まず白米を蒸し、これに麹を加えて酒にする。これに酢酸菌を入れて発酵させると、米酢ができる。いいかえると、酒に酢酸菌が混入すると、酢酸菌の働きでアルコールなどが酸化（腐敗）され、酢酸となってしまうのだ。これが酢である。

酢は奈良時代からつくられ、すでに市場で酢が売られていた。魚料理の鱠は、魚介などの生肉を細かく切り、酢に浸して食べる。醤油ができる前には、鱠や刺身などを安全に、おいしく食べるために酢を用いた。

しかも、季節によって生姜《しょうが》酢、わさび酢、辛子酢などを使いわけ、微妙な味のちがいを楽しんだ。たとえば、生姜酢は甘酢や三杯酢などに生姜の根をおろして加える。

江戸時代には、酢煎《すいり》、酢菜《すさい》など酢を用いた調理法が登場した。酢煎は、脂肪分の多い鰺《あじ》や鯖《さば》、鰯《いわし》などを酢と酒で煮る。酢には魚の生臭さを抑えるほか、煮くずれを防ぐ効果がある。酢菜は、酢に野菜を浸したものだが、喜んで食べる人が多かったという。

酢といっても種類はさまざまで、米のほか、梅、橙《だいだい》、柚子《ゆず》などの酢もあった。

そのほか、人気があったのは粕《かす》酢である。酒粕を原料とした醸造酢で、独特の甘味があるし、香ばしい風味もあると、鮨飯に盛んに使われた。江戸後期、握り鮨が流行するにつれて、粕酢の需要が急増した。

また、上等の酢は「北風」と称された。それというのも、兵庫の津（神戸市）の北風六右衛門がつくる千とせ酢が日本一の佳味と評判で、それゆえ上等の酢を「北風」と称するようになったという。享和元年（一八〇一）刊の『絵本女雑書』に描かれた酢問屋には「北風酢颪《すおろし》」と書いた看板が下げられている。

酢の歴史は古いが、酢を用いた多様な調理法ができたのは、江戸時代のことだった。

江戸で消費した塩

近ごろは、健康のためと称して、減塩を勧める人が多い。たしかに塩をとりすぎると、高血圧症を悪化させるなど、さまざまな悪影響をおよぼすことは、よく知られている。

食塩はナトリウムと塩素の化合物だが、これなしに人間は生きていけない。ほかの動物にとっても同じで、塩は水や空気と同じように重要なものなのだ。しかし、わが国には岩塩がないので、塩はもっぱら海水に頼ってきた。塩焼きといって、海水を煮詰めて、塩をつくったのである。

天正十八年（一五九〇）に江戸入りをした徳川家康も、塩を確保するために小名木《おなぎ》川を開削させた。当時、江戸近郊で塩を生産していたのは行徳《ぎょうとく》（千葉県市川市）だが、行徳の塩を最短距離で江戸へ運ぶための水路を開いたわけだ。

　行徳での塩づくりは『江戸名所図会』に「行徳汐浜」と題する絵がのっている。房総のひろびろとした海には、遠くに帆を張った舟があちこちに見え、浜辺には塩田が連なる。作業小屋からは、いく筋も塩焼きの煙がのぼり立つ。

　行徳の塩は船に積み込まれ、小名木川を通り、江戸に運ばれてきた。江戸の隅田川を渡り、さらに日本橋川に入ると、米河岸、

行徳の塩づくり（『江戸名所図会』行徳塩竈之図　国会図書館蔵）

塩河岸（日本橋本町一〜二）が並んでいた。塩河岸には塩蔵が並び、塩商人もここを拠点に商っていたのである。

この塩は塩店で販売されたほか、行商の塩売りもいる。塩を入れた桶や籠を天秤棒で担いで売り歩く。長屋の住人たちは、塩売りから量り売りの塩を買った。

さらに「焼塩」というのもあった。これは精製された純白の塩だが、素焼きの小さな壺に粗塩を入れ、壺ごと焼きあげる。この容器は焼塩壺といい、江戸の食卓塩のようなものだ。江戸をはじめ、上方で発掘された近世遺跡から多くの焼塩壺が出土していて、普及ぶりをうかがわせる。

塩をよく使うのは、長屋の住人よりも食品の製造者たちだった。たとえば、醬油や味噌づくりに塩が必要だし、さらに漬物や魚類の塩蔵、はんぺんや蒲鉾、竹輪などの練製品にも塩は欠かせない。

そのほか、うどんや索麵《そうめん》など麵類をつくるにも、塩は重要な役割を果たす。うどんや索麵は奈良時代、中国から伝来したとされるが、当時のうどんは、いまのワンタンや水ギョウザに似た食べ物だったという。

細長い麵が登場するのは、鎌倉末期ごろのことだ。索麵は手で引き延ばすが、うどんは平らに薄く延ばしたあと、包丁で細く切る。これを茹《ゆ》で、熱い汁に入れて食べた。

寛永二十年（一六四三）に刊行された料理書『料理物語』によると、うどんをつくるにしても、つぎのように塩を使った。

「塩かげん夏は塩一升に水三升入れ、冬は五升入れて、その塩水にてかげんよきほどに（粉を）こね、臼にてよくつかせる」

このあと、まるめて櫃《ひつ》に入れ、しめした布で覆う。まるめたものを一つ取り出して延ばし、細長く切るわけだ。

江戸では当初、行徳塩で十分だったが、やがて需要がふえたことから瀬戸の十州塩《じっしゅうえん》を輸入するようになった。行徳で生産量を上げることができればいいのだが、行徳では大規模な塩田をつくることができなかったのだ。

十州塩とは、瀬戸内海に面した播磨《はりま》、阿波《あわ》、讃岐《さぬき》、伊予《いよ》、備前《びぜん》、備中《びっちゅう》、備後《びんご》、安芸《あき》、周防《すおう》、長門《ながと》の十カ国で、生産された塩のこと。当時は、海水を海岸より高い砂地に汲み上げ、太陽熱で水分を蒸発させて塩を得る「揚浜式《あげはましき》」という方法だった。

もう一つは「入浜式《いりはましき》」といって、遠浅の干潟を堤防で囲んでおく。潮の干満の差を利用して、海水を導き入れる方法である。遠浅の浜、乾燥した気候など条件が揃えば、大量の塩を生産することが可能だった。

享保十一年（一七二六）の記録によれば、この年、江戸には百六十七万俵もの塩が輸入されたが、その多くを十州塩が占めていた。

一般的ではなかった刺身

いまさらいうまでもないが、刺身というのは、生鮮魚などを生のまま薄く切り、醤油などをつけて食べるものだ。「切身」といってもよいようなものだが、「切る」が忌詞《いみことば》とされたため、「さしみ」といい、「指身」とか「刺身」の字を当てるようになった、といわれる。

しかし、刺身はいまほど一般的ではなかった。

正徳二年（一七一二）の自序がある『和漢三才図絵』によると、「魚軒」の字を当て、和名は「左之美《さしみ》」と紹介している。「肉塊細かく切るを膾《なます》となし、大に切りたるをさしみとなす」とか、「魚肉薄く切るをつくるという」と記している。上方では、いまも「おつくり」ということが多い。

江戸中期になっても、刺身で食べることは少なかった。いまのように冷蔵庫がないし、魚は腐敗が進みやすい。それだけに新鮮な魚を買い、刺身で食べるということがむずかしかったようだ。とくに上流階級では、刺身が好まれなかった。

庶民が刺身で食べたのは、鰹《かつお》や平目《ひらめ》、河豚《ふぐ》ぐらいのものである。とくに江戸では、夏になると初鰹だった。「初物を食べると七十五日寿命がのびる」という初物信仰が根強いし、江戸っ子は見栄張りだったから、だれよりも早く初鰹を食べるのを自慢した。

近ごろでは、鰹の刺身はたっぷりの薬味と生姜《しょうが》醤油で食べるのが一般的。だが、江戸の人びとは芥子《からし》味噌をつけて食べた。つぎの川柳からも、その様子がうかがえる。

「切目正しきへからし附《つけ》て喰《くい》」

形を揃えずに切るのを「乱切り」というが、そうではなく、長い鰹のさくを崩さずに、切れ目を入れて切っていく。その一切れずつ、芥子をつけて食べた。

しかし、先にも記したように、生の魚はさほど長持ちしないから、棒手振の魚屋も不安を抱えている。だからつぎのような句も生まれる。

「今喰へばいいと不気味なさしみ売り」

いくら「今喰へば」などといわれても、それならと買う客は少ない。

鮪は、もっぱら塩をふり、焼いて食べた。鮪の刺身を食べるようになるのは、江戸後期からである。しかし、問題は売りものの鮪の鮮度だ。行商の鮪売りは、鮪の切れっ端を自分の口に入れて食べてみせる。「この通り、活きがいいんだ」と、客を説得するためだが、つぎの句もある。

「まぐろ売りきっぱしなどを喰って見せ」

鮪の刺身を食べる人は、まだまだ少なかったようだ。

幕末近くになって、刺身もよく食べるようになったし、刺身のあしらいとして「つま」を添えるようになった。『守貞漫稿』には、糸切大根、糸切うど、生紫海苔《のり》、生防風、姫蓼《ひめたで》、黄菊《おうぎく》、おご（海髪《おごのり》）、大根おろしなどがあると述べている。

和食を支える「旨み」と「だし」

和食の味の決め手は「旨み」である。

これは、肉食中心の欧米にはない味覚だった。旨みの正体は、イノシン酸を代表とするアミノ酸で、三十種類もあるという。

欧米では、舌で感じる味に甘味、酸味、塩味、苦味の四つがあるとして、これを基本味と考えていた。しかし、日本人は百年も前に、それ以外に「旨み」があることを発見した。東京大学の池田菊苗《きくなえ》が明治四十一年（一九〇八）、昆布のだしを研究、そのなかに含まれているアミノ酸の一種「グルタミン酸」が旨み成分だと突きとめ、グルタミン酸を主成分とする新しい調味料をつくり出したのである。翌年、商品化され、「味の素」として売り出された。

それとは別に、和食は「旨み成分」を多く含む鰹節や昆布、煮干し、椎茸などでだしをとる。このような調理法は日本独自のものであり、まさに革命的な調理法といっても過言ではない。

たとえば、昆布だが、主な旨み成分はグルタミン酸であり、鰹節はイノシン酸である。煮干しもイノシン酸だし、干し椎茸はグアニル酸によって旨みを感じる。

もともと欧米人は肉食が中心だが、肉料理に「旨み」がないわけではない。肉そのものにタンパク質や脂肪が多く、そこから旨みが出てくる。基本的には、さまざまな味の調和を旨みと考えてきた。

西洋料理や中国料理の場合、和食の「だし」とは異なるが、牛や豚、鶏などを用いたスープストックを使う。しかし、和食では、それらとはちがって先にあげたように独自の旨みをもつ「だし」を使うのが大きな特徴になっている。

食事で重要なのは、グルタミン酸を摂取することだとされる。グルタミン酸は先に述べたようにアミノ酸の一種だが、タンパク質のなかに広く分布しており、これが水に溶け、旨みのもとになるわけだ。

肉料理の「旨み」にくらべて、和食の「旨み」は昆布や鰹節などの「だし」が使われているから、「旨み」に濃厚さや奥深さを感じさせる。しかも、近ごろでは、昆布や鰹節の「だし」を用いて「旨み」を出す料理が健康によい、と理解され、和食人気に拍車をかけている。

また、最近、外国人でも和食を食べ慣れたファンが多い。そうした人びとは「旨み」を重視するし、和食の味を支える「だし」に関心を抱くようになった。つまり、「旨み」と「だし」は、いまや国際語になりつつある。

鰹節の旨さの秘密

和食の「旨み」を支えているのは「だし」である。「だし」は「だし汁」の略で、鰹節、昆布、干し椎茸、煮干しなどを煮出した汁のこと。この四品を「四大だし」ともいう。

いずれにしても、「旨み」のもととして「だし」を使うという調理法が確立されたのは、江戸時代のことだ。一般的に「だし」は上方の場合、軟水なので、それに適する昆布を使うことが多く、江戸は硬水であり、これに適した鰹節を使う、とされる。しかし、現在では昆布と鰹節の「だし汁」を合わせて、和食の味をととのえるというのが普通だ。

まず、鰹について考えてみよう。鰹と日本人との関わりは古く、すでに古代から鰹の味を楽しんでいた。煮干しにした鰹は保存食として重宝されていたし、煮汁は「煎汁《いろり》」といい、貴重な調味料だった。平安前期にまとめられた『延喜式』には、南海の産物である「鰹の煎汁」が貢納されているとある。庶民には行き渡らないが、天皇をはじめ、貴族や役人がそれを調味料として使っていた。

現在、鰹節といえば、スーパーなどで売っている削り節を小分けにしてパックしたものを思い浮かべる人が多いだろう。戦後、パン食化が進んだが、その影響を受けて、鰹節の消費量が激減。しかし、昭和四十年代なかばに登場した削り節のパックが大ヒットし、鰹節は人気を盛り返した。

ヒットの理由は、削り節のパックは木のように固い鰹節をわざわざ自分で削らなくてもいいし、新鮮な鰹節を簡単に使える利点があったからだ。

鰹節がつくられるようになったのは、室町時代からだという。これをつくるには、時間と労力が必要となる。

はじめに鰹の切身を煮る。これを天日で乾燥させ、燻《いぶ》す。つぎに重要なのがカビ付けという作業だ。カビの発酵作用によって、こうした過程で、鰹の水分はほとんど失われていく。その一方、カビの発酵作用によって、旨みが濃縮され、なんともいえない風味の鰹節ができあがる。

また、カビの菌糸には、中性脂肪を分解する働きがあるため、「だし汁」がより透明になるのだという。

良質なカビを付ける技術が進歩したのは、元禄年間（一六八八〜一七〇四）のころで、この結果、産地から江戸へと長距離の運搬が可能となった。

しかし、江戸の鰹節問屋は、産地から送られてきた鰹節に、さらにカビ付けをし、カビを育てては落として天日で干す、という作業をくり返した。そのことによって生臭さがなくなったほか、逆に江戸独特の香りの高い鰹節ができた、とされる。

昆布だしの旨み

昆布がなければちょっと困るのは、湯豆腐や寄せ鍋、ちり鍋、水炊きなどの鍋料理だ。昆布だしの旨みは当然だが、鍋のなかに四角に切った昆布がなければ、物足りなさを感じるし、昆布の姿を見ると、なぜかほっとするという人は少なくない。

日本人は古代から海藻をよく食べていた。その証拠に青森県の亀ヶ岡遺跡で出土した縄文土器のなかから、若布《わかめ》の束が発見されたこともある。奈良時代、平城京の市には海藻店《にざめだな》や心太《ところてん》店などがあって、繁昌していたようだ。

昆布が出てくる最古の文献は、延暦十六年（七九七）に成立した『続日本紀《しょくにほんぎ》』だが、元正天皇の霊亀《れいき》元年（七一五）、蝦夷の族長、須賀君古麻比留《すがきみのこまひる》が昆布を献上した、と記されている。

室町時代には、昆布を乾燥させる技術が進み、長期保存が可能になった。「茶の子」といって、茶を飲むときに添える昆布の菓子がつくられている。いまも煮物やおでんに入れる結び昆布は、その「茶の子」のなごりだ。

武家社会では「勝って喜ぶ」に通じる縁起物として、出陣式には必ず昆布が用いられた。昆布巻が誕生したのは、このころのことだった。室町後期には醬油が普及し、そうした料理がつくられたのである。

昆布の産地は蝦夷地（北海道）だが、蝦夷地から越前、若狭《わかさ》を結ぶ日本海航路、さらに陸地の鯖《さば》街道を経て京都まで運ばれた。昆布は、こうしてさまざまな料理に広く使われるようになった。

その後、江戸時代には北前船による西廻り航路（日本海、下関海峡、瀬戸内海を経て大坂にいたる海路）が開発され、大坂へ運ばれた結果、大坂で多くの昆布加工品がつくられた。昆布煮は大坂の伝統の味とされるが、これはいまでも食べる人が多い。また、さまざまな昆布の佃煮がつくられ、江戸にも大きな影響をあたえた。

さらに薩摩藩（鹿児島）によって、昆布は琉球（沖縄）に運ばれる。琉球では多様な昆布料理がつくられ、郷土料理として根づいた。昆布の炒め煮（クーブイリチー）は、いまでも沖縄でよく食べているが、切り昆布と豚バラ肉、蒟蒻《こんにゃく》などを鰹節のだしで煮る。昆布と鰹節の旨みが強調された料理である。

このように昆布が広く料理に使われたというのは、その旨み成分が注目されたからだ。

昆布の主な旨み成分はグルタミン酸で、京都では室町時代から昆布が流通していた。料理にするほか、だしとしても使われていたようだ。庶民のあいだでも、昆布をだしに使うようになったのは、江戸時代のことである。

寛永二十年（一六四三）に出版された『料理物語』は、庶民の日常食について述べた料理書だが、昆布についてはつぎのように記している。

「汁、煮物、煮合《にあい》（煮しめ）、むし漬（味噌漬）、だし、油揚げ、その他いろいろに用いる」

これを見ると、いまと変わらないことがよくわかる。だしだけでなく、いろいろな料理に昆布を使うのは、料理全体の旨みをふやすのが狙いだ。昆布の旨み成分について、江戸の人は知らなくとも、昆布を使えば確実に旨くなるということを知っていたのだ。

梅干は疲労回復にも

梅干は、江戸っ子に欠かせない食べ物だった。それだけに漬物屋で売っているほか、行商の梅干売りが三つほど重ねた桶を十文字に結んで手に持ち、市中にやってくる。

「梅ィぼゥしや、梅ィ干し」

このような呼び声をあげて、江戸市中を売り歩いた。

江戸っ子は、よく梅干を食べた。握り飯や弁当にも重宝したし、調味料や予防薬としても用いたのである。

梅干は疲労回復や胃腸の強化など、健康にいい働きをするとして、いまでも愛用する人は多い。さらに梅干は、殺菌力が強いことでも知られている。

梅干の薬のような効果は、早くから知られていた。平安中期の村上天皇は、病を患ったとき、梅干と昆布入りの茶を飲んで治ったという。

江戸時代にも、梅干は薬のように使われていた。たとえば、頭が痛いとき、種を取り除いた梅干をこめかみに貼ると、痛みはとれるといわれていた。つぎのような川柳もある。

「よくせきか嫁梅干を顔へはり」

この「よくせき」とは、ほかに方法がなく、やむをえない、という状況である。つまり「よくよくのこと」なのだ。よほど痛かったのだろう。若い嫁が他人の目を気にする余裕もなく、梅干を顔にべったりと貼った、という状況を詠んだ句。

梅干でつくる代表的な調味料に「梅醤《うめびしお》」がある。これは嘗物《なめもの》として食べることもある。梅干の果肉をすりつぶして砂糖を加え、裏漉《うらごし》をしたあと、とろ火で煮詰め、ねりあげたものだ。

川柳にも詠まれている。

「茶漬屋の膳に紅程梅びしお」

梅干は、そのほか「梅香《うめかが》」や「煎酒《いりざけ》」にも加工された。「梅香」は「梅枝田麩《うめがえでんぶ》」ともいい、刻みするめ、少量の梅干と麻の実、粉山椒《さんしょう》を入れ、酒と醤油で煮る。これに粉にした鰹節を混ぜ、煮詰めたものだ。

「煎酒」は、酒に削った鰹節と梅干、溜《たまり》、炒塩《いりしお》などを少量ずつ合わせて煮詰めたあと、漉した調味料。醤油が広く普及する以前は、膾などの味つけや刺身を食べるのに、煎酒は欠かせないものだった。

第四章

江戸が育てた新しい食

食文化の発信源だった屋台

江戸では屋台からはじまったり、普及したりした料理が少なくない。のちに詳しく述べるが、蕎麦《そば》や天麩羅《てんぷら》、鮨などである。

屋台は移動可能の店だから小さい。間口は一間（約一・八メートル）程度で、調理した食べ物をその場で出したり、鮨などは大皿に盛って並べておく。

蕎麦の屋台はテレビの時代劇などで見たことがあるだろうが、長方形の箱のような台が二つあり、担ぎ棒で連結されている。むろん、屋根つきだ。

一方の台には水を入れた桶、徳利、ちろり、振出し（薬味入れ）などを納めてある。もう一方の台には七輪《しちりん》（焜炉の一種）、蕎麦を湯がく鍋とザル、蕎麦玉、うどん玉、油揚げを入れた引出しがあり、棚には丼や蕎麦猪口《ちょこ》、竹箸などが置いてある。必要なものがすべてコンパクトにまとめられていた。

江戸庶民に人気があったのは、ほかに鮨と天麩羅である。

天麩羅は具を串に刺して揚げ、大皿に並べ、一串四文（約百円）から六文（約百五十円）

で売っていた。江戸湾でとれた新鮮な魚だから、どれも旨い。

客は、丼に入ったたれをつけて食べるのだが、手軽に食べることができると、評判になった。しかも、天麩羅は屋台でしか食べることができないとあって、職人や行商人、下級武士などがよく食べにきた。

鮨は古くからある食べ物だが、いまのような握り鮨が登場したのは文政年間(一八一八〜三〇)のころ、といわれている。屋台店とはいえ、ネタは新鮮だし、旨い。江戸庶民も大喜びだった。

天保年間(一八三一〜四四)には、稲荷鮨の屋台も出てきた。当初は煮た油揚げに、味をつけたオカラを詰めたもので、一個四文(約百円)。やがて煮たキクラゲや干瓢《かんぴょう》などを刻んで混ぜた飯を詰めるようになった。値段は一個六文(約百五十円)だったが、日暮れから夜にかけて、人通りの多いところでよく売れたという。

汁粉の屋台もあった。もともと正月十五日に小豆粥を食べる習慣があったせいか、汁粉の屋台は「正月屋」の看板を出していた。一杯十六文(約四百円)。天秤棒で担ぎ売りをする汁粉屋もいたから、江戸には汁粉好きが多かったようだ。

ほかに煮しめ、鰻の蒲焼、焼き団子、ぼた餅、大福、ゆで卵、いか焼など、さまざまな屋台が市中に出ていた。江戸の食文化は、屋台から発信されていたのである。

世界語になった「SUSHI」

江戸で生まれた握り鮨は、いまや世界を席捲している。アメリカやヨーロッパでも回転寿司が流行しているし、東南アジアやアフリカなどでも日本食堂で鮨を出す店がふえてきた。むろん、「えっ、これが鮨⁉」と思うような鮨もあるが、いまや「SUSHI」は、世界の共通語だ。

しかし、鮨は突如として、江戸で誕生したわけではない。いまの握り鮨は、江戸生まれだが、じつは長い前史がある。

鮨の古いタイプは馴鮨《なれずし》だが、いまでもつくられている近江（滋賀県）の鮒鮨《ふな》が有名だ。これは琵琶湖でとれる鮒の腹を割き、塩漬にする。そのあと、樽に鮒と飯とを交互に重ね入れ、重しで圧する。こうして半年とか一年とか熟成させると、自然発酵して酸味を含んだ鮒となる。

つまり、鮒鮨というのは、飯の乳酸発酵を利用した鮒の保存食だった。この飯は食べず、鮒だけを食べた。

その後、室町時代になると「生馴鮨」といって、腹を割いた鮒に飯を詰め、一か月ほど漬け込んだ鮨が登場し、飯と魚を一緒に食べるようになった。その後、つくられたのが「箱鮨」である。これは「押鮨」ともいい、箱のなかに鮨飯を詰め、その上に魚や貝、玉子焼などを乗せ、押しかためた鮨だ。いまでも好む人が多い。

江戸中期まで、鮨といえば押鮨のことだった。これを担ぎ売りする行商人もいた。「鮨売り」といい、黒襟をつけた唐桟《とうざん》の半纏《はんてん》を着て、縞の腹掛、股引という姿で、豆絞りの手拭を頭にかぶり、草履をはく。鮨箱を十個ほど重ね、蓋の上に紅木綿をかけて紐でしばり、肩に担いでいた。

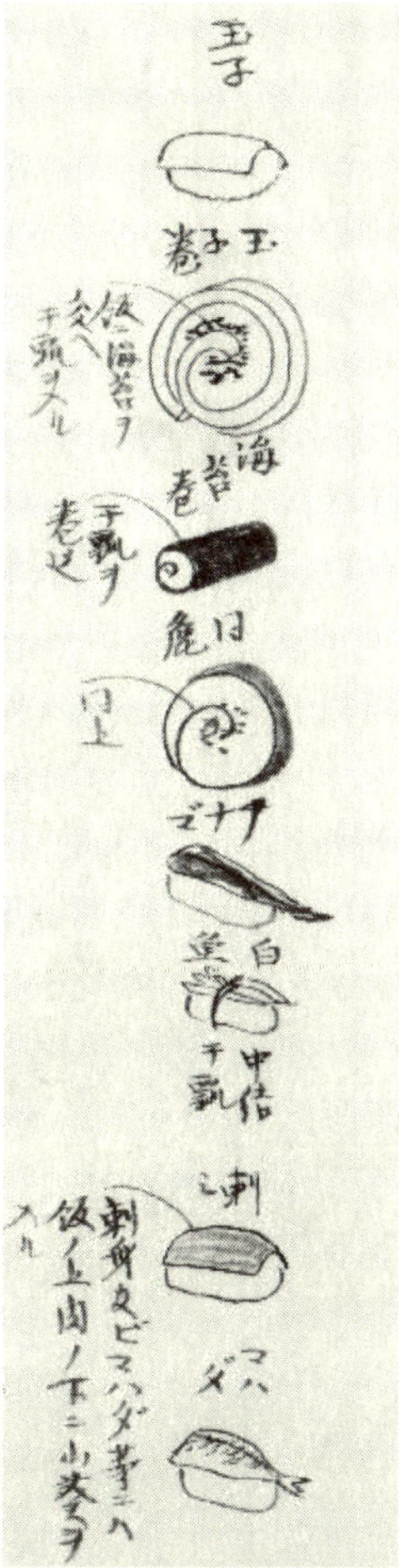

さまざまな鮨（『守貞漫稿』国会図書館蔵）。江戸後期、どれも1個8文（約200円）だった。ただし玉子焼は16文（約400円）で、鶏卵は高価だった。

鮨のネタは鯵《あじ》や小鰭《こはだ》などだが、正月はもっぱら小鰭だった。一箱の鮨を十二等分に切り分けて、一切れ四文（約百円）で売った。

しかし、江戸っ子はせっかちだから、もっと早く手軽に食べたい。そうした求めに応えて登場したのが「早鮨」だった。これは「一夜鮨」ともいい、温かい飯に酢でしめた魚を乗せ、石で押しをかけて馴らした鮨だ。

延宝年間（一六七三〜八一）ごろ、上方からやってきた医者の松本善甫が江戸に伝えたという。気の早い江戸っ子にうけ、早鮨の屋台がふえた。それ以上、早い鮨といえば、客の前でつくるしかない。何人もが試みたが、うまくいかなかった。

握り鮨が主流になった理由

現在のような「握り鮨」に成功したのは、文政年間（一八一八〜三〇）、本所横網（墨田区横網）の花屋与兵衛《よへい》とされる。飯に酢を混ぜておき、客の目の前で、酢飯の上に新鮮な魚の切身や貝を乗せ、握って出す。せっかちな江戸庶民は大喜びで、たちまち「握り鮨」が流行した。

「妖術の身になってみるすしの飯」

　このような川柳が詠まれたほど。鮨を握る手つきが、忍術使いが呪文をとなえて姿を消すときの手つきに似ている、というわけだ。

　海老《えび》や鯛、小鰭《こはだ》など、一個四文（約百円）から八文（約二百円）だから、手軽に食べることができた。さらに飯に海苔《のり》と干瓢《かんぴょう》を混ぜ、玉子焼で巻いた玉子巻、干瓢を巻き込んだ海苔巻など、種類は多い。

　こうした握り鮨は屋台で売られていたが、ほかに高級鮨店もある。当時は「贅沢鮨《ぜいたく》」といい、花屋与兵衛の店と、深川（江東区）の「松がずし」が、その双璧だった。随筆家で肥前平戸藩（長崎県平戸市）主松浦静山《まつらせいざん》は『甲子夜話《かっしやわ》』文政五年（一八二二）の項で、松鮨（松ヶすし）の値についてつぎのように書いている。

「五寸（約十五センチ）の器を二重にして鮨を盛り、それが金三両もした」

　一両を十万円として単純換算すれば、三十万円である。どのような握り鮨だったのか、よくわからない。いまの超一流といわれる鮨店でも、それほど高額な鮨はあるのだろうか。当時、こうした高価な鮨が上流階級では進物などに用いられたという。

　ところが、そうした多様な鮨文化が育ちはじめたというのに、天保十二年（一八四一）

から十四年にかけて天保の改革が強行され、与兵衛ずしと松がずしは「あまりにも贅沢な鮨を売った」として、手鎖《てぐさり》を命じられた。

手鎖とは、瓢形《ひさごがた》をした鉄具（現在の手錠のようなもの）を両手首に装着し、錠をかけて手の働きを奪う刑罰である。罪の軽重によって三十日、五十日、百日の期間があり、そのまま自宅で謹慎しなければならなかった。

そうした一方、安価で楽しめる屋台店は繁昌しつづけた。むろん、いまとは異なり、冷蔵庫などのない時代だけに、鮨ダネは江戸前の新鮮な魚介類が豊富にあるとはいえ、生ものだから日持ちはしない。そのため、あらかじめ醤油などに浸けておく（「づけ」である）とか、焼いておくなど、手をかける。それになんといっても「手軽に食べることができる」点がうけ、江戸では握り鮨が主流になった。

下魚扱いされた鮪

鮪《まぐろ》好きという人は、非常に多い。そのせいか、鮪はすっかり高級魚となったが、江戸時代には食べる人が少なかった。新鮮な鮪を手に入れるのがむずかしかったし、「鮪」という字を「シビ」と読んでいたからである。「シビ」は「死日」に通じるので、縁起が悪い。

『万葉集』に、つぎの山部赤人《やまべのあかひと》の歌がある。

「鮪衝《つく》と海人の燭《とも》せる漁火《いさりび》のほにか出でなむわが下念《したおもい》を」

この歌によれば、漁火を焚き、光に寄ってくる鮪を銛《もり》で突き、仕留めていたようだ。

室町後期には「熊引」というものがあった。シビの塩引だが、非常に固い干物で、小刀で削りながら酒の肴にしたという。また、熊引はシイラの干物だったともいわれる。

かつて日本人は、鮪をあまり食べなかったようで、平安時代の漢和辞典『倭名抄《わみょうしょう》』や室町時代の国語辞典『下学集《かがくしゅう》』などには、「鮪」を「シビ」と読む、とだけあって、解説はない。じつにそっけないものである。

延宝元年（一六七四）刊の『江戸料理集』は、近世の代表的な料理本とされるが、これによると鮪の評判は最低だった。

「まぐろ　下魚也。賞翫《しょうがん》に用ひず」

鮪は下魚だから御馳走に使えない、というのである。なぜ、下魚と評したのか、その基準がよくわからない。

この鮪が広く食されるようになったのは、江戸後期の江戸においてであった。シビと呼ばれていた鮪が、それなりに評価されてきたのである。その背景に、鮪の大漁があった。柴村盛方《しばむらもりみち》は、文化七年（一八一〇）にまとめた『飛鳥川《あすかがわ》』に、つぎのように書いている。

「昔は、まぐろを食したるを人に物語するにも、耳を寄せてひそかに咄《はなし》たるに、今は歴々の御料理に出るもおかし」

いかに大漁だったかについては、大田南畝《おおたなんぽ》が『一話一言』に「文化七年、一日に一万本の漁あり」と書いている。その後も鮪の水揚げがふえ、値が安くなるということがあった。曲亭《きょくてい》（滝沢）馬琴《ばきん》の『馬琴日記』によると、天保三年（一八三二）三月四日、日本橋河岸では三尺（約九十センチ）ほどの中鮪が一尾二百文（約五千円）にまで値を下げていた。そこで馬琴は、つい買ってしまう。

「今日、家内にて二尺余（約七十センチ）のまぐろ、片身を八十文（約二千円）に買ひとりにき。巷路〱にまぐろのたち売り多く出づ」

このころでも余裕のある人は鮪に手を出さず、鯛など白身の高級魚を食べていた。

「塩まぐろ取り巻いている嬶《かかあ》たち」

この川柳にあるように、主に流通していたのは塩漬にした鮪である。裏長屋の女房たちがおかずにする魚でしかなかった。

冬の定番になった「ねぎま」鍋

いまは握り鮨のなかでも鮪《まぐろ》のトロが人気で、これを好む人が多い。

なぜトロというのか、よくわからないが、「とろりとする舌ざわりに由来する」と考えられている。鮪の腹側、脂肪の多い部分で、大トロ、中トロと区分するのは、よくご存じだろう。

しかし、江戸時代、鮪は鮨のネタになりにくかった。赤身は醤油に漬け込み、「づけ」にしておく。こうすると、保存期間を延ばすことができた。いま人気の「大トロ」などは脂肪が多く、「づけ」にできない。

そのため魚屋は「あら」として扱うしかない。もっとも安い商品だったのである。それでも売れ残るので、やむなく肥料として利用された。

鮨のネタは小鰭《こはだ》、穴子《あなご》、貝、海老《えび》などが主流だった。もともと江戸庶民は淡泊な味を好む傾向が強かったから、鮪は敬遠されがちだったのである。だから、脂がのった部分は肥料にしても、まだ余るほどだった。

安くて大量にとれる魚を、なんとか旨く食べることはできないか、と考えるのは人情である。そこで誕生したのが「ねぎま（葱鮪）」だ。

いま焼鳥屋で「ねぎま」というと、鶏肉と葱とを交互に串に刺して焼いたものをいうが、江戸では脂肪がのった鮪をぶつ切りにし、葱と一緒に鍋で煮ながら食べる料理。汁は醤油味で、少し酒を加える。体が温まるので、江戸庶民が冬に食べる鍋料理だった。

落語に「ねぎまの殿様」というのがある。「目黒のさんま」と同様な趣向だが、庶民が葱鮪鍋をよく食べるようになったころの咄だという。

冬のある日、馬に乗り、不忍池《しのばずのいけ》あたりに雪見と洒落こんだ殿様が隅田川のほうへ向かうと、途中の居酒屋から旨そうな匂いがしてくる。腹が鳴ったので、思わず馬から降り、その店に入っていく。空樽に腰掛けさせられた殿様が酒肴を命じたところ、「葱鮪」が出てきた。

葱をつまんで口に入れると、熱い汁が喉へ飛び込み、びっくりしたが、とても旨く、大満足だった。よい酒を「ダリ」というのだと隠語も覚え、雪見を堪能して屋敷へ戻った。

殿様は翌日、庭の雪を見ながら昨日のことを思い出して、酒盛りをしようと思い立つ。

「肴《さかな》は葱鮪がよい」と注文し、「酒はダリがよい」と命じた。料理番がおどろきながら葱鮪を用意すると、大喜びの殿様は「おい、樽の腰掛けを持て」。

庶民の集う居酒屋では、「葱鮪」が冬の定番になっていた。こうして安価な鮪を食べていたのである。

白米を「シャリ」というようになったのは、握り鮨が誕生してからのことだという。仏陀の遺骨をサンスクリット（梵語）で śarīra（シャリ）というが、舎利はその音訳。形や色が似ているとして、米のたとえとして「シャリ」というようになった。

昭和の戦中、戦後は、食糧不足が長くつづいた。そのため、動物性タンパク質や脂肪分がどうしても足りない。そこで「大トロ」が珍重され、やがて高級食品に押し上げられていったのである。

細長い蕎麦の登場

日本人は、たいそう麵類が好きだ。うどん、蕎麦《そば》、ラーメン、パスタなど、世界中の麵類が集まっているし、それを食べる人も少なくない。

しかし、「和食」の流れからいえば、やはり蕎麦である。日本人は縄文時代から蕎麦を食べてきたが、それは蕎麦が栽培しやすい穀物だからだ。火山灰に覆われた気温の低い土地でも容易に育つ。

米の生育日数はおおよそ百二十日だが、蕎麦は生長が早く、わずか七十五日ほどで実る。このため、米の代用食や飢饉の救荒作物として、きわめて重要なものとされてきた。

蕎麦はタデ科の一年草で、原産地はシベリアから中国、インドにいたる東アジアとされる。日本へは中国から朝鮮を経て伝えられ、すでに奈良時代には栽培していた。『続日本紀《しょくにほんぎ》』には、養老六年（七二二）七月に発した、つぎのような元正天皇の詔勅《しょうちょく》が紹介されている。

「宜《よろ》しく天下の国司に令して百姓に勧課して、晩禾《ばんか》（晩稲）、蕎麦、及び大小麦を種《う》え、蔵置儲積して、以て年荒に備えしむべし」

食べ方は、縄文時代は実のまま茹《ゆ》でて食べた。鎌倉時代には蕎麦粉を餅にし、焼いて食べた。その後、室町末期まで「蕎麦練り」とか「蕎麦掻《が》き」といって、蕎麦粉を熱湯でねって餅状にし、汁をつけて食べるのが一般的だった。

蕎麦を細長い緬状にして食べるようになったのは、江戸初期、慶長年間（一五九六～

一六一五）の末ごろのことである。それ以前は、もっぱら蕎麦掻きを食べたが、いまでも蕎麦掻きを食する人がいる。

当初、蕎麦は菓子屋でつくっていたが、本格的な蕎麦を打つ蕎麦屋ができたのは、享保年間（一七一六〜三六）のころ、といわれる。

もっとも江戸初期は、上方出身者が多かったため、うどんが主流になっていた。その後、甲州（山梨県）や信州（長野県）で生産された蕎麦が安い値で、大量に入ってきたことから江戸で蕎麦が普及。そうした一方、関東や信越、東北などの出身者がふえ、蕎麦を食べる人が多くなってきた。

蕎麦というのは粘り気があるものの、熱を加えると切れやすく、製麺するのがむずかしい。それでも蕎麦粉をねって薄く延ばし、なんとか細長く切って食べるようになる。蕎麦粉だけで、つなぎを使

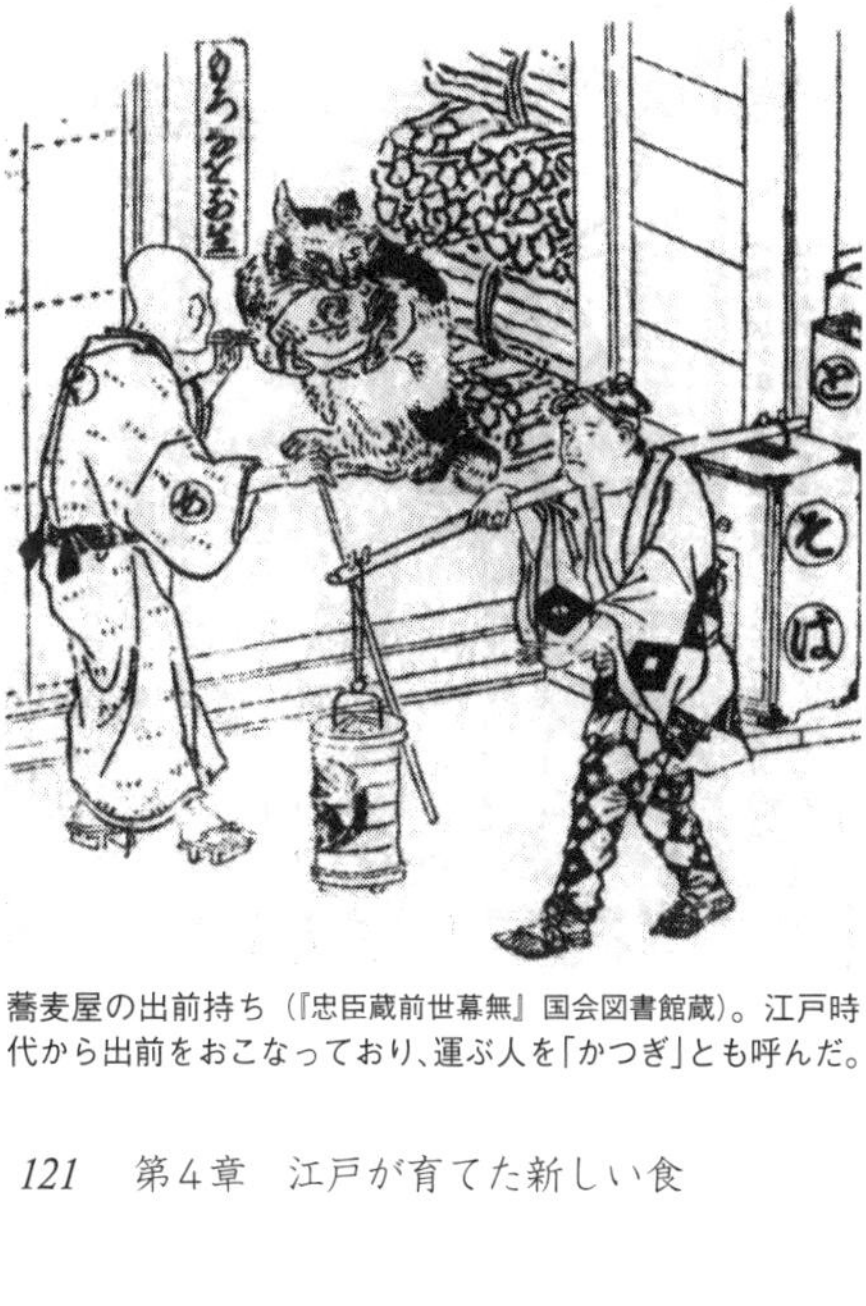

蕎麦屋の出前持ち（『忠臣蔵前世幕無』国会図書館蔵）。江戸時代から出前をおこなっており、運ぶ人を「かつぎ」とも呼んだ。

わない「生蕎麦」である。

小麦粉をつなぎに使うようになったのは、享保年間、蕎麦の専門店ができてからのことだ。一説によると、朝鮮から来日した僧が蕎麦粉に小麦粉を混ぜ、細長く切って食べることを教えて以来、「蕎麦切り」といい、広く普及したという。

やがて「慳貪《けんどん》蕎麦」が登場した。慳貪というのは、大きな平椀に一杯ずつ盛切りにして売ることで、そのため蕎麦屋、うどん屋、一膳飯屋などを慳貪屋と称するようになった。いまでも広く行われている売り方だが、その起源は江戸にあったのである。

慳貪蕎麦は、汁を上からぶっかけて食べる。式亭三馬《しきていさんば》の『浮世風呂』にも「そのあげくは寒いからぶっかけを食いてへのと」などと出てくる。「ぶっかけ」を短く縮めて「かけ」ともいわれたが、これがいまの「掛蕎麦」の原形である。当初、一杯六文（約百五十円）だった。

屋台で食べる「ぶっかけ蕎麦」

蕎麦の屋台は寛文四年（一六六四）、浅草ではじまったとされるが、屋台ではもっぱら

「ぶっかけ蕎麦」である。

　しかし、江戸庶民が好んだのは「盛蕎麦」である。いまは打った蕎麦を茹《ゆ》で、水でさらして冷たくするが、江戸では蒸籠《せいろう》で蒸《む》す。つまり、蒸籠に盛ってあるので「盛蕎麦」と称した。

　この細く切った盛蕎麦を猪口に入れた「つゆ」につけ、威勢よく食べる。蕎麦をすする音も江戸っ子の好みにぴったり、ということもあって、盛蕎麦が好まれた。

　江戸後期になると、盛り、かけのほか、さまざまな蕎麦が出てくる。天麩羅《てんぷら》三十二文（約八百円）、花巻（もみ海苔《のり》をふりかけた蕎麦）二十四文（約六百円）、玉とじ三十二文（約八百円）、しっぽく（玉子焼、蒲鉾、椎茸、くわいなどを乗せたもの）二十四文（約六百円）などのほか、御膳大蒸籠四十八文

蕎麦の屋台（『守貞漫稿』国会図書館蔵）

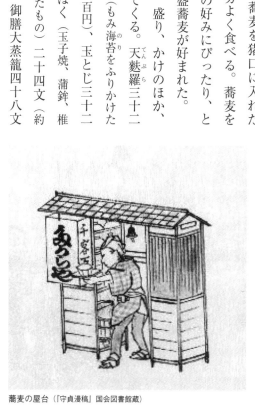

（約千二百円）というのもあった。これは上等の蕎麦粉でつくった蒸籠蕎麦だった。

盛りやかけの値段は、当初一杯六文だが、元禄八年（一六九五）には八文（約二百円）、明和・安永年間（一七六四〜八一）には十六文（約四百円）となった。十六文の時代は百年もつづいたが、慶応二年（一八六六）、諸物価が高騰したという理由で、盛り二十四文（約六百円）に値上がりした。

ところで、テレビの時代劇などで「二八そば」という屋台の看板を見かける。これは「二×八＝十六」で、蕎麦一杯が十六文だったための名称と思っている人もいるが、そうではない。これは蕎麦粉八に対して小麦粉二という原料の混合率を表したものだ、という。まだ一杯八文だった元禄年間（一六八八〜一七〇四）から、すでに「二八そば」は使われていた。

なによりも安く、気軽に食べることができるとあって、屋台の蕎麦は庶民に人気だった。夜遅くまで売る屋台もあったが、これは「夜鷹《よたか》蕎麦」、あるいは「夜鳴蕎麦」といわれた。盛んに出るようになったのは元文年間（一七三六〜四一）ごろからとされる。夜なべ仕事をする職人とか、道端で客を引く売春婦がよく食べた。夜鷹蕎麦の名は、その売春婦を夜鷹といったことに由来するというが、本当のところはよくわからない。

江戸庶民には九月に出まわる新蕎麦を好む人が多かった。蕎麦屋の店先に「新蕎麦」の貼紙が出ると、引き寄せられるように客がやってくる。

つぎのような川柳があった。

「新そばは物も言わぬに人がふへ」

「新そばをくわせる住持ものしなり」

住職が「新そばでもいかがですかな」と、檀家を寺に集める。こんなときは、なにか企みがあるときだ。「ものし」とは「いやで避けたい」とか、「不愉快」などの意。「近ごろ、本堂に雨漏りがしまして」などと、供養代を無心された句だ。いずれにせよ、江戸にはそれほど蕎麦好きが多かったのだろう。

天麩羅好きな江戸庶民

和食を代表する料理の一つは「天麩羅《てんぷら》」だが、いまでは天麩羅を好む外国人も多く、すでに世界の味になっている、といっても過言ではない。

油は古代から灯火用として使われていたが、油を食用としたのは安土桃山時代からと考えられている。菜種油とか、胡麻油《ごま》など、上質で食用に適する油が出てきたところに、南蛮貿易によって伝えられた揚げ物の影響があったようだ。

もっとも当時の揚げ物が現在の天麩羅のように、小麦粉の衣をつけたものかどうかはわからない。

江戸湾では車海老《くるまえび》、銀宝《ぎんぽ》、烏賊《いか》、沙魚《はぜ》、穴子《あなご》、鱚《きす》、貝柱など、天麩羅のネタになる魚介類が豊富だ。南蛮風の揚げ物を食べた人や話を聞いた人は、だれしもその新鮮な魚介類を用いて揚げ物をつくってはどうかという発想を抱いたのではないだろうか。

そうしたネタに小麦粉の衣をつけ、串に刺し、油で揚げる。客は好みのものを選び、たれをつけて食べた。値段はネタによって異なるが、一串四文（約百円）から六文（約百五十円）くらいだった。

この新しい天麩羅という食べ物は当初、屋台店で売り出された。安くて手軽な食べ物というので、江戸庶民にうけた。さすがに上級武士は屋台で食べることをしなかったが、下級武士は庶民と一緒に屋台で食べた。

寛延元年（一七四八）に刊行された料理書『料理歌仙の組糸』には、天麩羅について、つぎのように記している。

「てんぷらは、何魚にてもうんとんの粉（うどん粉＝小麦粉）まぶして油にて揚げる也。但前にある菊の葉てんぷら、又ごぼう、蓮根、長芋、その他何にても、てんぷらにせん時は、うんとんの粉を水、醤油とき、塗付て揚げる也。直にも右の通りにしてもよろし。又、葛《くず》の粉、能くくるみて揚げるも猶よろし」

安永年間（一七七二〜八一）には、屋台の天麩羅屋が江戸市中のあちこちで目につくようになった。

天麩羅のほか、江戸庶民は揚げ麩、油揚げ、がんもどきなどの揚げ物も好んで食べた。

なぜ「天麩羅」なのか

「天麩羅《てんぷら》」とは不思議な名称だが、どのようないわくがあるのだろうか。

語源については諸説があって、たとえばスペイン語やイタリア語でいうテンポラ(tempora)に由来するという。

これは、ローマンカトリックの「四季の斎日《さいにち》」の意で、季節の初めの三日間に祈り、節食をする。この間、信者たちは肉を食さず、魚に衣をつけて揚げたものを食べた。日本人がこの料理を教えてもらい、料理の名を、「テンポーラ」を訛り、「テンポラ」と呼んだといわれる。

ポルトガル語で「調味料・料理」を意味する「テンペロ」(tempero) からきた、との説もある。もともとポルトガル語の「テンポラ」(temporas ＝金曜日の祭り) で、この日に魚のフライを食べていたことに由来する、という説もある。

もっとも興味深いのは、戯作者の山東京伝《さんとうきょうでん》が命名した、という説だ。天明年間(一七八一〜八九) の初めごろ、上方から芸者と駆落ちしてきた利助という男が山東京伝と知り合い、相談を持ちかけた。

「江戸には野菜のゴマ揚げの辻売りが多い。大坂には、つけ揚げといって、魚を揚げたものがあるのだが、これがじつに旨い。江戸には、まだ魚のつけ揚げを夜店などで売る人はいない。じつは、これを江戸で売りたい、と思っているのだが」

利助は、実際に魚のつけ揚げを調理し、京伝に試食してもらうと、「この料理に名をつけてほしい」と、頼み込んだ。

京伝が食べてみると、自慢するだけあって旨い。利助が売り出すことに賛成し、このつけ揚げを「天麩羅」と命名した。

なぜ「天麩羅」なのか。それは、利助が天竺浪人《てんじくろうにん》（失踪した浪人のこと。逐電浪人をひっくり返した語）で、ふらりと江戸にやってきたので「天ふら」だといい、「天麩羅」の字を当てたのだとか。いかにも戯作者らしい、と思えるが、真相はよくわからない。

ともあれ、天麩羅の屋台は、江戸中期から後期にかけてふえ、江戸庶民も日常的に食べるようになった。屋台は、橋のたもとに出ていることが多い。そこで、つぎの川柳のような光景が見られた。

「てんぷらの指を擬宝珠《ぎぼし》へこすりつけ」

なんとも行儀の悪い男がいたものだ。擬宝珠は橋の欄干につけた宝珠の飾りだが、油で汚れた指をこすりつけたものだから擬宝珠がぴかぴかになった、というのである。

天麩羅を引き立てる濃口醤油

天麩羅《てんぷら》が江戸庶民にうけた理由は、いくつかある。その一つは、これまでも述べてきたように、江戸前の新鮮な魚介類が豊富にあったことだ。

天麩羅は「タネ七分に腕三分」といわれるように、タネの善し悪しで決まる。その点、江戸のタネは文句ない。しかも屋台の店で安く、手軽に食べることができたのだから、地方からやってきた人夫や職人にとっては、ありがたい食べ物だった。

たれに使う醤油も上方の薄口醤油と異なり、江戸近辺で独自の濃口醤油がつくられるようになっていた。これが天麩羅のたれにぴったりだった。

もともと天麩羅は揚げたての熱いのが旨い。だから屋台で、揚げるのを待って串に刺したものを、たれにつけて立食いするのがいい。こうした食べ方も庶民にうけ、広まった理由の一つだった。

しかも、ただたれにつけるだけではない。大根おろしを薬味にしたのだ。大根といえば漬物という印象があるが、大根の種類も多く、薬味にしたほうが旨いものもある。天麩羅だけでなく、蕎麦の薬味にも使われた。

庶民にとって値段が安いのも魅力だったが、江戸前の魚介類はむろんのこと、じつをいうと小麦の生産量もふえ、安価で手に入るようになったのである。油も同様だった。

もともとは南蛮料理に端を発し、上方で揚げ物として流行。それが江戸で天麩羅として発達したのである。

江戸末期になると、料理茶屋でも天麩羅を売り出し、座敷で揚げたので「お座敷天麩羅」と称された。庶民の街角での食べ物から高級化したわけだが、和食のなかで重要な位置を占めつづけてきたことに変わりはない。

料理茶屋で出した奈良茶飯

江戸後期になると、山谷堀《さんやぼり》（台東区浅草七）の八百善《やおぜん》など、高級な料理店がふえてきた。裕福な商人や武士、風流人などのあいだで食を楽しむ風潮が出てきたのである。食生活が多様化した、といってもよい。

京都の懐石料理は江戸の料理と異なり、保存食品を用い、繊細な味わいを出すの

川崎万年屋の奈良茶飯（『江戸名所図会』川崎万年屋奈良茶飯　国会図書館蔵）。一膳飯屋が主に提供したのは奈良茶飯。浅草から各地に広まった。川崎万年屋の奈良茶飯は好評で、多くの旅人が訪れた。

が魅力となっていた。

それに対して、江戸風の会席料理は、江戸の海でとった新鮮な魚介類を中心に実質的な旨さを出そうとしていた。料理茶屋で料理人が腕を競い、それを食する客の舌が敏感に味を評価する。こうして江戸の料理が磨かれ、発展した。

しかし、当初、江戸の茶屋が客に出していた料理は、奈良茶飯だった。略して奈良茶といったが、要するに一膳飯である。

山東京伝が弘化三年（一八四六）に書いた『蜘蛛の糸巻』には、つぎのように記している。

「百五、六十年以前は、江戸に飯を売る店はなかりしを、天和のころ（一六八一〜八四）、はじめて浅草並木に奈良茶飯の店ありしを、諸人珍らしとて、浅草の奈良茶飯食はんとて、わざわざ行きしよし、近古の草双紙に見へたり」

江戸庶民に人気のあった奈良茶飯だが、そのルーツは大和奈良の朝粥だったという。江戸で食べられるようになった奈良茶飯は、薄くいれた煎茶で飯を炊き、その飯の上に茶をかけて食べる。ほかに豆腐汁、煮しめ、煮豆などを添えて客に出した。

明暦三年（一六五七）、明暦の大火後、浅草金龍山浅草寺《きんりゅうざんせんそうじ》（台東区浅草二）門前の茶屋で売り出したのが最初だという。その後、元禄年間（一六八八〜一七〇四）には品川、目黒、堺町《さかいちょう》（中央区日本橋人形町）、駒形町（台東区駒形）など、各所に奈良茶飯を出す料理茶屋ができた。

その値段だが、元禄六年（一六九三）刊の『西鶴置土産《さいかくおきみやげ》』によると、一人前五分だったという。五分とは五文（約百二十五円）だから、手軽だし、粗末なものだった。しかし、物珍しさもあって、わざわざ遠方から食べに来る人がいたという。その後、奈良茶飯の高級化が進み、値段も一人前三十六文（約九百円）、四十八文（約千二百円）などとなった。高くなった代わりに、美しい器を使うなど工夫をこらすようになった。

高級な料理茶屋の出現

その後、宝暦・明和年間（一七五一〜七二）ごろ、本格的な料理を出す高級茶屋が現れる。店の造りも立派で、座敷は数人の寄合にも使えるほど広かった。

明和八年（一七七一）、升屋宗八《ますやそうはち》が深川洲崎《すさき》（江東区木場一）に開業した升屋もその一つ。山東京伝の『蜘蛛の糸巻』にも紹介されているが、店内は二間（約三・六メートル）の床、高麗縁《こうらいべり》の畳、趣向をこらした長押《なげし》など豪華な造りで、二の間、三の間の小座敷もついていた。

ほかに庭には数寄屋（茶室）、鞠場《まりば》（蹴鞠を楽しむ場所）などを設けている。高級感と物珍しさがあって、大名や上級武士、大商人などで賑わったという。

なかでも諸藩の江戸留守居役は、升屋を定席として会合によく利用した。留守居役は、諸藩が江戸屋敷に常駐させた外交官で、幕府との連絡や他藩との協議、交渉などを担当した。

当初、留守居役は必要に応じて藩屋敷に招き、国元の料理を出して接待し、話し合っていたが、本格的な料理茶屋が出現すると、会合はもっぱら料理茶屋で行うようになった。やがて、しだいに派手な宴会となり、芸者を呼んだりする。ひところ話題になった社用族みたいなものだが、彼らが使う藩の公費によって料理茶屋は発展していった。

その後、安永六年（一七七七）には、浮世小路（中央区日本橋室町二）の「百川《ももかわ》」、材木町（台東区雷門二）の「山藤《さんとう》」、向島三囲《みめぐり》（墨田区向島二）の「葛西太郎」、深川八幡境内（江東区富岡一）の「二軒茶屋」、茅場町（中央区日本橋茅場町一）の「楽庵《らくあん》」など、三十二軒にふえた。

値段はかなりの高額だったらしく、つぎのような川柳もある。

「二軒茶屋肝を潰《つぶ》して払ひをし」

『守貞漫稿《もりさだまんこう》』によると、天保・嘉永年間（一八三一〜五四）のこととして、料理茶屋の料金は、上方では支払いが高くなるという。それは客の人数以上の料理を出すからだ。しかし、江戸では会席風と称して、客の人数に応じて過不足なく、わずかに余るほどに出し、費用は減らすが肴数は減らさない、と述べている。

京坂のように肴を多くしない。まず第一に味噌吸物に口取肴、二つ物刺身、すまし吸物か茶碗もの、以上が酒肴である。そのあと、一汁一菜、あるいは一汁二菜の飯となる。これで一人分、ごく上品な店で銀十匁《もんめ》、あるいは五、六匁だという。

料理屋の台所と座敷（『絵本徒然草』国会図書館蔵）。カマドに釜を乗せて調理中だが、その右では田楽用の豆腐を焼いている。

銀十匁といえば、金一両の六分の一。一両十万円として計算すれば、約一万七千円である。長屋暮らしの庶民が利用できる料金ではない。やはり、上級武士や大商人が利用していたのだ。

「八百善」の献立と代金

江戸を代表する有名な料理茶屋「八百善」は、先祖が農民で、神田界隈で野菜を栽培する百姓だったという。元禄のころ（一六八八〜一七〇四）には、新鳥越町（台東区浅草七）へ移って八百屋を開業したが、客は近くの寺院だった。

やがて、寺院への精進料理の仕出しをしたり、吉原通いの客に食事を出したりするようになった。その後、宝暦年間（一七五一〜六四）、四代目善四郎のとき、高級料理を出す茶屋に成長したのである。「八百善」は、八百屋の善四郎にちなむ。

四代目善四郎は風流人で、俳諧をたしなみ、狂歌や洒落本の作家大田南畝《おおたなんぽ》、画家の酒井抱一《ほういつ》、儒学者の亀田鵬斎《ぼうさい》、漢詩人の大窪詩仏《おおくぼしぶつ》らとも交流があった。だから彼らもよく八百善を利用したし、それが話題になって八百善はますます繁昌した。

料理は高級でメニューも豊富だったが、当然ながら料金が高い。食材へのこだわりぶりも尋常ではなく、たとえば初鰹一本を二両一分で仕入れた、という話が伝わっている。いまの通貨では約二十万二千五百円。それがまた話題となり、客がふえたという。

善四郎は、ただの高級料理茶屋の主人だったわけではない。文政五年（一八二二）には『江戸流行料理通』という本を出版したほど。これは自分の店で出す料理を四季ごとに記し、料理法などを解説した本だ。たとえば、その初編に紹介されている会席料理の春の献立は、つぎのようなものだった。

膾　かき鯛　つくし　岩茸うま煮　わさび　甘酢
汁　ふくろ牡蠣　わかめ織切り
椀盛り　鱈　かきわらび　松露
焼物　おろし身蒸しがれい塩焼き　蕗《ふき》のとう切り和え
吸物　鶴　わか菜
口取　唐納豆（南京納豆）　からすみ
香の物　新沢庵　花丸

硯蓋七色　鯛かまぼこ　生貝やわらか煮　篠さより　裏白かわたけ　黒くわいきんとん
ゆずうま煮　朝日防風

八百善については、つぎのような逸話もある。

ある男が最上級の茶漬を食べようと、八百善に入った。ところが、注文した茶漬はなかなか出てこない。途中で帰るわけにもいかず、待っていると、半日も待たされてやっと茶漬が運ばれてきた。

飯と煎茶の土瓶、それに春には珍しい瓜と茄子《なす》の粕漬を切りまぜた香の物である。男はさっそく食べたが、たしかに旨い。最上級の茶漬とはいえ、茶漬だからさほど高くはあるまい、と思っていた。しかし、代金が一両二分だというので、びっくりしてしまった。一分は一両の四分の一だが、一両を十万円で単純換算すると十五万円。いくらなんでも茶漬の代金としては高すぎる。男が苦情をいうと、主人は平然として答えた。

「茶は極上のものですから、それに合う水をと、早飛脚を玉川まで水を汲みに行かせました。その費用が高くついたのでございますよ」

高級料理茶屋は、それほど素材にこだわったのである。

贈答品となった料理切手

また、当時、八百善の料理切手（食事券）を贈与することが流行するほど人気があった。奥右筆《おくゆうひつ》組頭の船橋勘左衛門は権勢があったから、便宜をはかってもらおうと贈物をする人が多い。文政十二年（一八二九）ごろのことだが、ある人が夜食料と称して八百善の料理切手一枚を贈った。

勘左衛門は自分で使わず、浅草方面へ行かせる二人の用人に「夕食をしてくるがよい」といって、料理切手を手渡したのである。

二人の用人は、用事をすませたあと、八百善にあがり、料理切手を使って旨くて珍しい料理を腹一杯食べた。ところが、いざ帰るとき、なんと料理の籠詰を持たせてくれたほか、過剰預り金として十五両の現金をもらった。

おどろいた二人が、勘左衛門に報告したところ、「あの料理切手は額面五十両のものだったかもしれぬ」といったという。一両十万円として、五十両は五百万円である。江戸の食生活が豊かになり、食材も豊富になる一方、それほど高額な料理切手をやりとりしていたわけだ。

観劇用だった幕の内弁当

いまの弁当は食材もさまざまで、じつにカラフルだ。コンビニの弁当を見ても種類が多い。それだけ食生活が豊かになったことを物語っている。

そのなかで伝統を守りつづけているのが「幕の内弁当」だが、もともとこれは江戸時代、芝居の幕間に食べるものだった。胡麻《ごま》をふりかけた小さな握り飯に、さまざまなおかずを詰め合わせた弁当だが、幕間に食べたので「幕の内」といわれるようになった。

最初にこれを売り出したのは、江戸葭町《よしちょう》（中央区日本橋人形町）の有名な料理屋「萬久」とされる。『守貞漫稿』によると、幕の内弁当は握り飯のほか、炙《あぶ》った蒟蒻《こんにゃく》、焼豆腐、芋、蒲鉾《かまぼこ》、玉子焼などを詰めてあった。

「萬久」の幕の内弁当は「煮しめの味がよい」とか「風味がいい」などと評判だった。値段は一人前百文（約二千五百円）だが、よく売れたという。

しかし、握り飯とはいえ、手で握ったものではない。市販されていた幕の内弁当に入っていたのは、飯を木型に入れて押しかためたものだった。

「幕の内やざまを抜けた飯を食ひ」

このような川柳もある。「やざまを抜けた飯」と詠んでいるが、木型でつくった円筒形の握り飯が「矢狭間《やざま》」に似ていると思ったのだろう。おもしろい着想である。矢狭間は縦長の小窓で、城中から矢を放ったり、外を見たりするために城の櫓や塀などに設けてあった。

ところで握り飯は、もともと「屯食《とんじき》」といい、強飯を卵形に握りかためたものだった。『源氏物語』にも「屯食」と出てくるが、平安時代には宮中での催し物のとき、参内した者の供がこれを賜わった。

江戸時代になると、江戸城へ登城する武士が昼食として握り飯を持参しはじめる。これをきっかけに、握り飯が広く普及していった。

弁当にした握り飯は、焼握り飯にすることが多い。表面を焼くと、握り飯同士の飯粒がくっつかず、取り出しやすくなるからだ。しかも、焼くことで殺菌されるため、保存性が高くなる、という利点もあった。

当初、握り飯は竹の皮に包んで持ち運びしたが、江戸中期になると、柳などで編んだ小型の行李が弁当箱として使われた。やがて木製の弁当箱が庶民のあいだにも普及したのである。

そうした一方、花見や紅葉狩りなどに出かけるときには、さまざまな料理を詰めた豪華な行楽弁当がつくられた。

やがて武士のあいだでも、弁当は楽しみ多いものになっていく。尾張藩（名古屋市）に仕えた朝日文左衛門が残した『鸚鵡籠中記《おうむろうちゅうき》』には、元禄九年（一六九六）二月、文左衛門が宿直《とのい》のときに持参した弁当の中身が記されている。同僚と酒を酌《く》み交わすためとあって、なかなか豪華な重詰だった。

「切干し大根、あらめ昆布、梅干煮、豆腐、こんにゃく、山芋、牛蒡《ごぼう》の煮物、蜆《しじみ》の和え物、鯔《ぼら》の浜焼き、香の物。ほかに味噌汁、酒」

天下太平の世だからこそ、宿直だというのに、こうした豪華な弁当に舌鼓を打つことができたのだ。

しかし、江戸城でも文左衛門のような者が多かったのだろう。享保二十年（一七三五）九月二十七日、幕府は「殿中で派手に酒食を振舞ってはいけない」という自粛令を出したほどだった。

薬食いと牛鍋の流行

日本人は長いあいだ、肉食を避けてきた。というよりは、食べてはいけないもの、とされてきたのである。天武天皇の五年（六七六）、牛や馬、犬、猿、鶏などを殺生し、肉を食うことが禁じられたが、この肉食禁止は江戸時代にも表向き、つづいていた。だから庶民の食膳に獣の肉が出てくることなど、ほとんどなかったのである。

しかし、そうした状況のなかでも肉を食べる人はいいた。病人とか体の弱

獣肉を食べさせる店（二代広重『名所江戸百景　びくにはし雪中』国会図書館蔵）。山くじらとは猪の肉のこと。その向かいに焼芋の看板も見える。

い人である。病気のときに寒中の保温に効果があるとか、滋養のために獣肉を薬として食べることが許されていたのだ。これを「薬食い」と称したが、病気でもないのに「薬食い」を口実に肉を食べる人もいた。

そのほか、山村で暮らす人や将軍、大名たちは鷹狩りを行い、獲物の肉を食べていた。これはおおっぴらにできないので、やはり「薬食い」の口実を使うことが多かった。彦根藩では元禄年間（一六八八〜一七〇四）ごろから毎年、牛肉の味噌漬を将軍家に献上していたというから、上流階級では肉を食べる人は少なくなかった。

やがて「薬食い」を商う店が出てくる。随筆家寺門静軒《てらかどせいけん》は天保三年（一八三二）に出版した『江戸繁昌記』のなかで、つぎのように書いた。

「かつて江戸市中に薬食店は、わずか一軒あるだけだったが、二十年ほどのちのいまは、かぞえきれないほどになった」

獣肉を鍋にして出す店がふえたわけだが、獣肉といっても猪や鹿、狐、兎、熊など、いろいろな獣肉を提供した。

このような料理屋は「ももんじ屋」と称したが、「ももんじ」とは野獣のことである。しかし、あからさまに猪とか、鹿というのははばかられる。そこで猪の肉を「牡丹《ぼたん》」、鹿の肉を「紅葉《もみじ》」といいかえた。獣肉を総称して「山鯨」といい、「やまくじら」と大書した行灯看板を出す店もあったほどだ。つぎのように川柳にも詠まれている。

「紅葉を焚《た》かずくらってあったまり」

「雪の日に七輪で咲く冬牡丹」

肉鍋は一人前ごとに火鉢に乗せて、客の前に出す。値段は小が五十文（約千二百五十円）、中百文（約二千五百円）、大は二百文（約五千円）である。

料理屋のほか、煮込みにして辻売りをする商人もいた。これは一椀十六文（約四百円）と安い。肉食もこうして、少しずつ普及していった。

慶応二年（一八六六）には、牛鍋を食べさせる牛肉屋が出現し、あっというまに大流行。いまスキヤキといえば、これを好む外国人も多く、世界的に有名だが、そのルーツは「牛鍋」だった。

こだわりの食文化を生んだ「百珍物」

江戸後期になると、食生活が豊かになった結果、さまざまな料理法の本が出版された。

なかでもよく売れたのは、天明二年（一七八二）に出版された『豆腐百珍《とうふひゃくちん》』である。

それ以前にも、料理法を指南する本は江戸時代にいろいろあった。寛永二十年（一六四三）刊の『料理物語』をはじめ、江戸時代を通じて出版された料理本は、約二百三十種類とされる。

しかし、『豆腐百珍』のように、豆腐だけを取り上げ、百種類もの料理法を紹介するというのは、はじめての試みだった。その新鮮さがうけて、大評判となった。そのなかには、現在もよく食べている「湯豆腐」が「湯やっこ」として紹介されている。山椒の芽を味噌にすりまぜて豆腐に塗り、炙《あぶ》って食べる「木の芽田楽」を好む人は、いまも少なくないが、これも『豆腐百珍』にのっている。

その後、『豆腐百珍』のあとをうけて『豆腐百珍続編』『余禄』とつづき、三冊のシリーズで二百七十八種もの豆腐料理が紹介された。

食生活が豊かになると、「どのようにして調理するのか」など、料理法へ関心を抱く人も多くなる。もっとも庶民の台所には、調理道具などが揃っていないから、手間のかかる料理をつくることは不可能だ。しかし、やがて「百珍」ブームが起こる。

天明五年（一七八五）には『鯛百珍料理秘密箱』『玉子百珍』などが出版された。さらに寛政元年（一七八九）には『甘藷《いも》百珍』、寛政七年（一七九五）には『海鰻《うみうなぎ》百珍』、弘化三年（一八四六）には『蒟蒻《こんにゃく》百珍』などがつづいた。海鰻は「真穴子《まあなご》」のことだ。

当時は、グルメがブームになっていた。だから料理屋が「百珍」のレシピを取り入れ、料理の腕を振るったにちがいない。そうした一方、旨い物を食べるだけではあきたらず、自分でも工夫しながら調理してみたい、という食道楽の趣味人もふえていた。いわば、こだわりの食文化がめばえていたのではないだろうか。

「百珍本」に紹介されていた料理のなかには、アイデアはおもしろいが、調理するのは困難なものがあるという専門家の意見もある。それも当然で、これらの調理法は、プロの料理人が試作し、つくりあげたものばかりでなく、粋人たちが頭のなかでつくり出したものも少なくない。

しかし、「百珍」ブームが起きたのは、「百珍」というネーミングのよさと、同じ食材で百種類の料理を紹介するというアイデアが人びとの気持ちをつかんだからだ。「これならつくれそうだ」とか、「これは旨そうだ」と思い、楽しみながらつくっていたのではないだろうか。そうした意味で、料理にも遊び心が出てきた、といえる。

鰻の蒲焼は江戸の自慢

鰻の蒲焼も和食の代表の一つである。もともと元禄年間（一六八八〜一七〇四）、京都ではじまった料理だが、その後、江戸に伝わり、江戸ならではの味として定着した。

もっとも、鰻そのものは『万葉集』の時代から、夏バテ防止のスタミナ食として食べていた。それを物語るのが、つぎの大伴家持《おおとものやかもち》の歌である。

「石麻呂《いわまろ》に吾物申す夏痩せによしと云ふものぞ鰻《むなぎ》取り食《め》せ」

家持は夏やせした知人に「鰻を食べなさい」と勧めている。

いまでも夏バテ対策として、土用の丑《うし》の日に鰻を食べるという人が多い。このように土用鰻を食べる習慣は、江戸後期にはじまったが、文政五年（一八二二）に刊行された『明和誌』に、つぎのように記されている。

「近きころ、寒中丑の日には紅をはき、土用に入り丑の日に鰻を食す。寒暑とも家ごとになす。安永・天明（一七七二〜八九）のころより始まる」

起源については、平賀源内《ひらがげんない》が鰻屋の主人に商売繁昌のアイデアを請われて、「本日土用丑の日」と書いて店頭に貼り出すように指示したところ、客が殺到したという。

鰻の蒲焼は、古くは鰻を筒切りにし、串に刺して塩をふり、焼いた。形が蒲の穂に似ているところから「蒲焼」の名が生じた。その後、腹を割いたあと、骨を除いて串を打ち、たれをつけながら焼くようになった。

この調理法は京都で考え出された。ところが、江戸に伝わると変化する。江戸人は、焼く前に蒸して余分な脂を落とす、というひと工夫を加えた。これによって、江戸の鰻の蒲焼はやわらかく仕上がる。また、江戸は武士の町だったため、腹を切るのが嫌われ、背開きに変わった。こうして、江戸独自の鰻の蒲焼が完成した。

たれには味醂《みりん》を加えたが、これは照りをつけるほか、香りや味を引き立てる効果があった。これも江戸好みである。

さらに重要なのは、江戸の味のもととなった濃口醬油が普及したことだった。江戸前期は「下り醬油」といって、色を薄く仕上げた薄口醬油が上方から盛んに輸入されていた。ところが、先に述べたように、江戸後期には、江戸周辺の銚子や野田などで独自の醬油がつくられるようになった。それは、小麦を多く用いた香りの高い濃口醬油で、江戸庶民の好みにぴったりだった。この濃口醬油があったからこそ、鰻の蒲焼をはじめ、蕎麦や握り鮨など、江戸の味がつくられ、広まったのである。

よくいわれる「江戸前」ということばも、もとはといえば、鰻からはじまった。鰻の名産地は深川だが、そこは隅田川の向こう側。当初、川向こうは江戸の前ということから、深川産の鰻を江戸前といい、最上とされていたようだ。

やがて鰻だけでなく、江戸の前面の海でとれた新鮮な魚や貝類のことを、同じように江戸前と呼んだ。江戸っ子は自慢好きだから、これは旨いという意味を込めて、江戸前を強調したのではないだろうか。

江戸の鰻屋は、文政年間（一八一八〜三〇）、深川だけでも蒲焼の店が二十二軒もあったという。値段は、高級な蒲焼が一皿二百文（約五千円）、安いもので百七十二文（約四千三百円）だった。ほかに屋台の辻売りがあったが、これは一串十六文（約四百円）と安く、庶民はよく食べた。

「鰻丼」の大流行

いまは「鰻重」といって、重箱に飯を盛り、鰻の蒲焼を乗せて食べることが多い。江戸時代には「鰻飯」といったが、これは文化年間（一八〇四〜一八）に流行。値は、鰻の善し悪しによって百文（約二千五百円）から二百文（約五千円）だった。

いまの丼物は種類が多い。その丼物の第一号は鰻丼だという。

文化年間のことだが、江戸堺町（中央区日本橋人形町三）の芝居小屋の興行主、大久保今助が考案したとされる。今助はたいへんな鰻好きだったが、忙しくて食べに出かけられない。そこで、芝居を見ながら食べられるということで、鰻丼を考えて注文した。

丼に飯を入れ、鰻の蒲焼を乗せるだけだから、たしかに手軽である。しかも蒲焼の味が落ちないし、飯にも鰻のよい味がしみ込んで旨い。やがて堺町で評判を集め、鰻丼が普及していった。

大野屋の鰻丼は、一杯六十四文（約千六百円）だから値段も手ごろだった。飯のあいだに鰻をはさんだ「中入れ」があり、上にも蒲焼が乗った豪華さが評判を呼び、江戸中に流行した。さらに一杯百文、二百文という高級品も売り出される。

江戸前の鰻が最上とされたこともあって、鰻屋が急速にふえ、市中の有名店だけでも二百軒を超すほどだった。

ところで、いまも広く使われている割箸は、江戸の鰻屋が考案した。当初は「引割箸」

といって、鰻丼に添えて出していた。その後、文政年間には、京都や大坂にも広まった。それ以前は、竹箸などを洗い、何度も使っていたのだが、割箸は二度の使用ができず、清潔感があると評判になった。

「初鰹」の不思議な人気

江戸っ子には、初物好きが多かった。江戸っ子は見栄張りだったから、人より早く食べるのが自慢だった。鰹は「女房を質に入れても初鰹を食う」などと粋がったが、初鰹だけではない。茄子《なす》や胡瓜《きゅうり》、南瓜《かぼちゃ》など、初物は高価だったのにもかかわらず、「初物を食うと七十五日長生きする」といい、他人より早く食べることを競った。早ければ早いほど得意になった。

典型的なのは初鰹で、元禄年間（一六八八〜一七〇四）、俳人の山口素堂はつぎの句を詠んでいる。

「目には青葉山ほととぎす初がつお」

卯《う》の花が咲く四月になると、待望の初鰹が姿を見せる。

鰹は黒潮に乗って北上してくるが、北上するのは水温十七度から二十度の温かい海水を好むためだ。

早春のころ、南西諸島付近の水温が上昇してくると、鰹の回遊がはじまる。やがて四月、鰹の大群が南紀沖へ北上し、五、六月ころには伊豆沖から房総沖に、七、八月には三陸沖に到達する。

そこから今度は、南下していく。これを「戻り鰹」といい、江戸時代にはあまり好まれなかった。しかし、いまでは大型で脂がのっているなどと、珍重する人が多い。

初鰹は、相模灘でとれたものを押送船《おしおくりぶね》と呼ぶ、いわば快速船で江戸へ運ぶ。文化九年（一八一二）には十七匹が入荷。そのうちの六本を将軍家へ納め、残りが市中に売り出されたという。

この初鰹に一本二両一分の値をつけた

初鰹売り（『守貞漫稿』国会図書館蔵）。江戸っ子は初鰹に熱狂した。

のは、山谷堀《さんやぼり》（台東区浅草七）の有名な料理茶屋「八百善」である。しかも三本を買った。だが、その上がいて、三代目中村歌右衛門は、魚屋から一本三両でお買い上げ。一両十万円で単純換算すれば、三十万円。高価な買物だった。

むろん、長屋にも棒手振の魚屋が初鰹を売りにくる。値段は金一分（一両の四分の一）と、ぐっと安くはなっているものの、いまの通貨にすれば約二万五千円。長屋住まいでは、とうてい一人で一本を買うのは不可能だ。そこで数人が共同で一本を買い、切り分けるということになる。

ところが、数日後には鰹の値が下落する。刺身一人前で百文（約二千五百円）から五十文（約千二百五十円）で買うことができたのである。

鰹はたたきで食べる人が多いが、これは表面だけを焼いたもので、刺身と焼魚の折衷食である。このように半分だけ熱加工するのは、もともと南蛮料理だったからで、レアに焼いたビーフステーキの影響といわれている。

最近では、鰹にたっぷりの薬味と生姜《しょうが》醤油で食べるのが一般的だが、江戸時代には芥子《からし》味噌で食べていた。

しかし、冷蔵庫のない時代だけに、鰹が傷んでいたために当たる、ということもしばしばだった。鰹はそれだけ腐敗しやすい。だから安くてあやしいと思ったら、煮て食べた。

また、土用をすぎたら鰹は刺身で食べることはせず、煮物や焼物にするなど、普通の魚と同じようにして食べる。ほかに雉焼《きじやき》といって、醤油と味醂を合わせた汁に浸してから焼く、というのを好む人も多かった。

高価だった初茄子

喜多村信節《のぶよ》の『嬉遊笑覧《きゆうしょうらん》』（文政十三年＝一八三〇刊）は、初茄子《はつなす》についてつぎのように記している。

「駿河（静岡県中央部）から五月に出すのを初茄子といっていたが、のちに栽培法が進歩して、寒暖にかかわらず、三月に砂村（江東区北砂、南砂）から出るようになった」

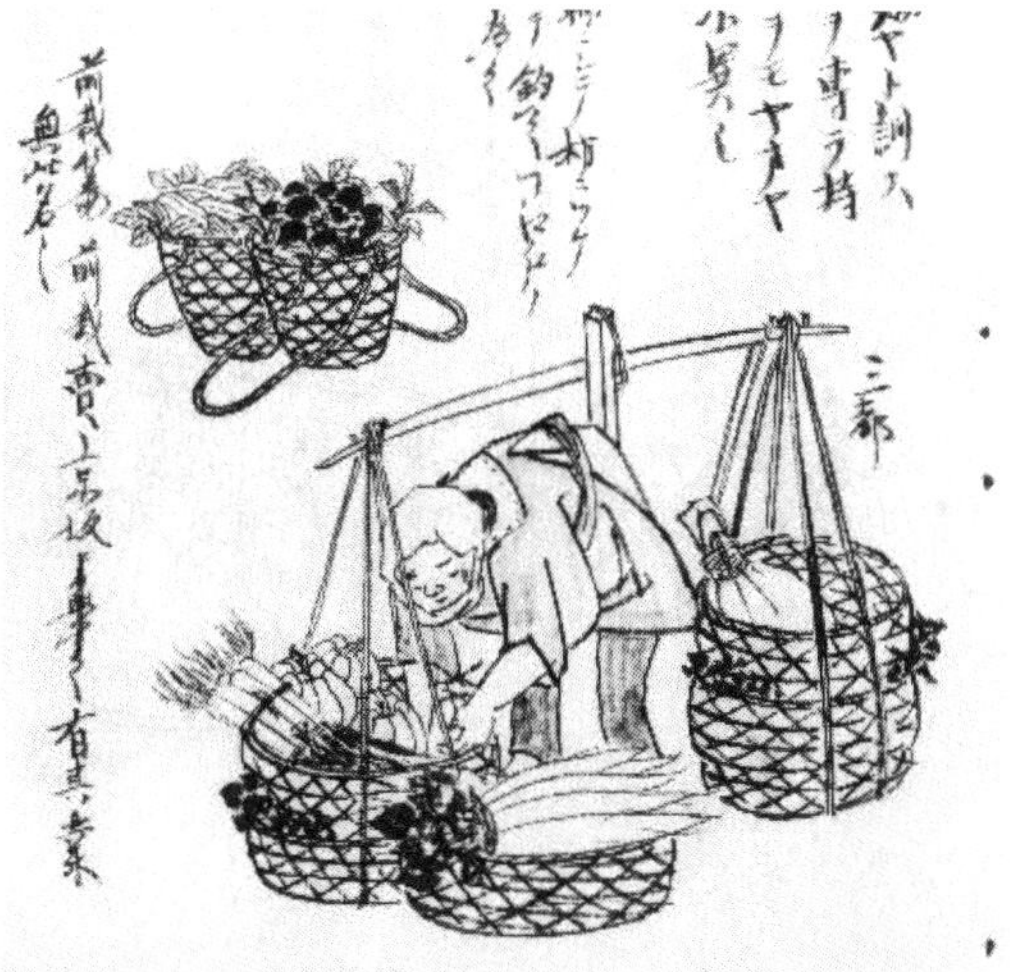

野菜売り（『守貞漫稿』国会図書館蔵）。大根や瓜、茄子などを売り歩き、「前栽売り」ともいわれた。

四月ごろの茄子は高価だったが、やがて安くなる。元禄元年（一六八八）刊、井原西鶴《いはらさいかく》の『日本永代蔵』には、初茄子は一個二文（約五十円）、出盛りは一個一文（約二十五円）とある。

茄子の産地で有名なのは、駿河《するが》の富士山麓で、この茄子は将軍家へ献上していたほど。江戸では駒込（文京区北部から豊島区東部一帯）産の巾着《きんちゃく》茄子が評判だった。

食べ方は漬物や煮物にするほか、「鴫焼《しぎやき》」にすることも多かった。

これは茄子の田楽で、軽く茹《ゆ》でた茄子の皮を剝き、縦に二つか三つに切る。つぎに串に刺し、油を塗って焼く。これに砂糖を加えた味噌を塗り、さらに焼くのである。焼き上がったら、柚子《ゆず》の汁をふりかけて食べた。

初物食いを規制した幕府

「初かぼちゃ女房千両でも買う気」

これは誇張であり、本気ではないが、女房たちの南瓜《かぼちゃ》好きは、それほどすさまじい、ということなのだろう。

薩摩芋もそうだが、南瓜も甘味がある。それが女性に好まれる理由だった。しかし、それだけでは物足りない。茹《ゆ》でた南瓜に黄粉をまぶして食べたが、これを「南瓜あべかわ」と称した。

江戸で好まれたのは、ひょうたん形の「唐茄子《とうなす》」といわれる種類だ。平たく、菊花を思わせるものは「菊座南瓜」というが、江戸では内藤新宿（新宿区新宿一〜三）付近でつくられていたため、「内藤南瓜」とか、「淀橋南瓜」と呼ばれていた。

南瓜は中南米原産だが、南瓜が出てきた元禄年間（一六八八〜一七〇四）ごろには、見慣れない形のせいか、「毒がある」などと噂され、食べる人はいなかった。

食べるきっかけになったのは、天明二年（一七八二）の大飢饉である。食べるものがなく、藁《わら》を餅のように搗《つ》いて食べた、という話が残っているほど。それにくらべると、南瓜ははるかに上等な食べ物だ、ということで食べる人がふえたとされる。

食べはじめると旨いので、南瓜は女性たちの好物となった。男たちは、だまって見ていたわけではない。

「いつとなく亭主かぼちゃが好きになり」

女房が好きなものだから、つい南瓜を膳に乗せる。初物の時季がすぎてもつづく。やがて、亭主も食べ慣れて好きになった、というのだから平和な家庭である。

初物を好んだのは、魚介類ではあんこう、鱈《たら》、馬蛤《まて》貝、白魚などがあった。江戸周辺の農村では、栽培技術や品種改良が進んでいた。そのため、豆もやし、葱《ねぎ》、独活《うど》などの軟白栽培物も、同じように初物を求める人が多かった。

そうした一方、練馬大根、小松菜、滝野川牛蒡《ごぼう》、谷中生姜《やなかしょうが》、馬込胡瓜《まごめきゅうり》など、産地名をつけたブランド野菜が出まわるまでになった。

江戸野菜の発祥地といわれる砂村では、最高の促成栽培技術をもっていた、といわれる。現在のハウス栽培と同じで、藁を燃やして地温を上げたり、温度を調節する施設をつくったりした。

ところが、幕府にとっては、初物を競うような風潮は好ましいことではない。そこで初物規制に乗り出す。寛文五年（一六六五）には、魚や鳥、野菜など初物として人気のある三十種を指定し、販売期間を定めたのである。

しかし、その後、いくども同じような制限令が出されたところを見ると、法令違反をしてまで、より早く食べたい、という人が多かったのだろう。江戸では初物好みの風潮が消えることはなかった。幕府は贅沢《ぜいたく》だとして規制したが、こうした初物ブームが刺激となって栽培技術が進歩したといっても過言ではない。

大食い競べと驚異の胃袋

江戸後期には、食の娯楽化がはじまり、大食い競べとか、大酒飲み競べが盛んに催されていた。いま、テレビなどで大食い大会とか、早食い競争などのイベントを目にすることがあるが、そのルーツは江戸にあったわけだ。

しかし、あれだけの量が胃袋に入ってしまうなんて、特異体質なのか、と不思議に思ってしまう。曲亭馬琴も同じ感想を抱いたらしく、随筆集『兎園《とえん》小説』のなかで、つぎのように書いている。

「大食大飲の人は、腸胃おのづから異なるところありやしらず」

文化十二年（一八一五）十月二十一日、千住宿（足立区千住）の中屋六右衛門方で、大酒の会が催された。「わたしほどの大酒飲みはいない」という酒豪が集まり、いくら飲めるかを競ったのである。

盃は、蒔絵《まきえ》細工の美しいもので、五合（約〇・九リットル）入りから三升（約五・四リットル）入りまで六種類が用意された。参加者は酒の量を申し出て、盃を選び、飲みはじめる。
優勝したのは小山《おやま》宿（栃木県小山市）の佐兵衛で、なんと七升五合（約十三・五リットル）を飲み干したから見物人もびっくりした。そのほか、近郊の百姓は四升五合（約八・一リットル）を飲み、伊勢屋の隠居は、六十三歳だというのに三升五合（約六・三リットル）を飲んだ。呆れ顔で見ていた人も多かった。

もっとも有名な大食大飲会は、その二年後、文化十四年（一八一七）三月二十三日、両国柳橋（台東区柳橋一）の料理屋「万八楼《まんぱちろう》」で催された。酒のほか、菓子組、飯組、蕎麦《そば》組と部門が拡大されたため、参加者も多くなった。

大酒飲み、飯や菓子の大食いぶりは、あきれ果てるばかりである。酒組では、小田原町（中央区日本橋室町一）の堺屋忠蔵が六十九歳という高齢なのに、三升入りの盃で三杯（約十六・二リットル）も飲み干している。体は大丈夫だったのか、とつい心配してしまう量だ。

酒組で優勝したのは、芝口（港区新橋一～三）の鯉屋利兵衛という三十歳の男である。三升入りの盃で、なんと六杯半（約三十五リットル）というから尋常ではない。案の定、飲み終わると、その場に倒れ、眠りこけた。それでも、しばらくして目を覚まし、水を茶碗で十七杯も飲みつづけた。

飯の部もすさまじい。三河島（荒川区東日暮里、西日暮里など）の四十一歳になる三右衛門が万年味噌の茶漬と香の物で、六十八杯の飯をたいらげて優勝している。醤油二合を使った。浅草（台東区）に住む七十三歳の和泉屋吉蔵も、五十八本の唐辛子をかじりながら五十四杯を食べたというのだからすごい。

蕎麦の部では、池《いけ》の端《はた》仲町（台東区上野二、池之端一）の山口屋吉兵衛が優勝している。三十八歳という若さにものをいわせ、六十三杯を食べた。二位は、五十七杯を食べた新吉原（台東区千束四）の四十二歳になる桐屋五左衛門だった。

菓子の部というのもある。優勝したのは、神田（千代田区）の五十六歳になる丸屋勘右衛門。饅頭五十個だ

下谷広小路にあった、しそめしの伊勢屋（歌川広重『名所江戸百景』上野山した　国会図書館蔵）

けでもたいへんなのに、さらに薄皮餅三十個、羊羹七棹を食べつづけた。そのあいだに飲んだ茶は十九杯である。

二位は、八丁堀（中央区日本橋茅場町、八丁堀）の伊予屋清兵衛。六十五歳だというのに、饅頭三十個、鶯餅八十個、松風煎餅《せんべい》三十枚、そのあいだに沢庵をかじり、結局、五本の沢庵を食べたという。

いずれもにわかに信じがたい記録だが、こうしたイベントを催すことができたのも平和なればこそ。それに食事情も豊かになりつつあったことを物語っている。

第五章

晴れの食生活を楽しむ

重詰のおせち料理

和食は、ただ料理を味わうだけのものではなく、正月のおせち料理をはじめ、節句など四季折々の行事と深い関係があり、家族はむろん、地域の人びととの結びつきを強める役割を果たしてきた。

なかでも広く親しまれているのは「おせち料理」である。いまは正月に食べる料理と思いがちだが、もともと節句のときに食べる料理も、おせち料理と称した。

元日を特別な日とするほか、五節句を庶民も祝うようになったのは、江戸時代のこと。まず、一月七日を「人日《じんじつ》」とし、七種《ななくさ》の粥を祝う。つぎの三月三日を「上巳《じょうし》」といい、女子を祝う節句で、いまも雛祭として行われている。五月五日は「端午《たんご》」といって、男子の成長を祝う日。菖蒲《しょうぶ》を飾り、柏餅や粽《ちまき》を食べる。

七月七日は「七夕」だし、九月九日は「重陽《ちょうよう》」だが、「菊の節句」ともいった。これが「五節句」である。

四季それぞれの節句だが、決まった「おせち料理」というものはなかったようだ。しかし、新年の祝い肴と飾り物とを兼ねたものがあって、京坂では「蓬莱《ほうらい》」といい、江戸では「喰積《くいづみ》」と称した。

蓬莱は、三方の上に飾りつけて乗せた祝儀の食べ物だった。『守貞漫稿』には、つぎのようにつくり方が記されている。

「三方の中央に真物の松竹梅を置き、まわりに白米を敷く。その上に橙を一つ、蜜柑《みかん》、橘、榧《かや》、搗栗《かちぐり》、鬼ところ、ほんだわら、串柿、昆布、伊勢海老などを積み、裏白、ゆずり葉などを置く」

これを年賀の客に振舞ったのである。

江戸では島台とか、三方に縁起食を乗せ、年賀の客に勧めた。酒を飲みながら縁起物の肴を食べた。のちに、これが「蓬莱飾り」と「重詰」とに分かれていった。

重詰が、いまでいう「おせち料理」だが、この名称は新しい。太平洋戦争後、デパートで重詰を販売するときに名づけられた。

おせち料理には、一品ずついわれがあるが、蓬莱や喰積も、たとえば橙は「代々の繁栄」、昆布は「喜ぶ」などに通じるので、縁起がよいとされた。串柿は、長い串に刺した干柿だが、両端に二つずつ、真んなかに六つを刺して「仲睦まじく」の意味を込めた。

蓬莱は天明年間（一七八一〜八九）ごろまでは、新年を迎えるときに準備し、来客と一緒に食べていた。しかし、寛政年間（一七八九〜一八〇一）になると、形式的な飾り物になってしまった。

重箱に正月の祝い肴を詰めるようになったのは、蓬莱が飾り物へと移りつつあったころである。その背景には、江戸の町に天麩羅の屋台が出たり、豆腐料理を紹介する『豆腐百珍』が出版されたりなど、食生活を楽しむ傾向が出てきたことがあげられよう。

しかし、重箱の中身は、じつに簡素なもので、天保七年（一八三六）刊の『日用惣菜《にちようそうざい》俎《まないた》』は、つぎのように紹介している。

「初重かずのこ、二重ごまあへたたき牛蒡《ごぼう》、三重鮒《ふな》昆布巻、四重黒煮豆または照ごまめ」

重箱の詰め方は、江戸の場合、隙間が見えないほど詰め、「新年を豊かに迎えることができた」と祝った。京坂では、逆にわざと隙間をあけて詰める。「来年はこの隙間を埋めることができるよう、さらに頑張る」との心意気を示した、とされる。

重詰の基本

『絵本江戸風俗往来』（明治三十八年＝一九〇五＝刊）によれば、「重詰の品は、田作《たづくり》、数の子、座禅豆（黒豆）の三重なり」とある。これが重詰の基本で、あとは好みで加えればよい、と考えていたようだ。しかし、関西では、黒豆の代わりに叩き牛蒡《ごぼう》を入れることが多い。

★田作……これは生のまま素干しにした片口鰯《かたくちいわし》の稚魚を調理したもの。「ごまめ」は素干しにした稚魚。「ごまめの歯ぎしり」は、どうやってもかなわない相手に対するもどかしさを表すことば、として使われる。

片口鰯の下アゴは、上アゴより短く、ごまめは歯ぎしりができない。「ごまめの歯ぎしり」ということばは、そこから出た。

田作は、ごまめを鍋でよく空炒りしたあと、砂糖や醬油、味醂を煮立てたなかに入れ、からめてつくる。それぞれの家でつくるほか、煮売屋でも売られていた。

鰯は、カルシウムの吸収を助けるビタミンDを含んだ健康食品だ。江戸時代には、そうした栄養学など知られていなかったが、江戸っ子たちはごまめの効用を知っていたのである。

★数の子……すでに室町時代から食用にしていたが、重詰の一つとして重視されたのは、数の子が「子孫繁栄の縁起食」と考えられていたからだ。

北海道や東北では「鰊《にしん》」を「かど」と称した。これはアイヌ語だが、「かどの卵」は「かどの子」といい、これが転じて「かずのこ」になったという。決して「数」ではなかった。

当初、鰊の身は肥料とされ、食用となったのは「かずのこ」だけだった。その後、北前船が諸国に物流ルートをつくりあげると、上方では生の鰊を「生かど」、塩漬のものを「塩かど」といって売られるようになった。この結果、京都の鰊蕎麦、大坂の鰊の昆布巻などが誕生した。

江戸時代には冷蔵庫がないので、もっぱら流通していたのは干した数の子である。水に浸けてやわらかくするのがたいへんだったが、安価だったから庶民もよく食べた。

★黒豆……黒豆がおせちに使われているのは、縁起物としてであり、「黒く日に焼けて、まめまめしく（元気に）働けるように」との意味が込められていた。江戸時代から、健康

によい食べ物とされていたのである

古代中国の医学書『神農本草経《しんのうほんぞうきょう》』に、黒豆が病気の治療に使われた記述があるし、日本でも元禄十年（一六九七）刊の『本朝食鑑《ほんちょうしょっかん》』に「よく血を活かし、毒を解す」と書かれている。

黒豆は大豆の仲間で、栄養成分はイソフラボン、レシチン、グリシン、リノール酸、α‐リノレン酸、ビタミンK、サポニン、食物繊維など。黒い色素は、ブルーベリーに含まれているものと同じアントシアニンだ。大豆イソフラボンの効能として、骨粗鬆症《こつそしょうしょう》の予防や血中コレステロール上昇抑制に効果があるとされる。

江戸庶民には、そこまでわからなかったろうが、体にいいものだとは知っていた。黒豆を甘く煮しめたものを「座禅豆」というが、その名の由来がおもしろい。座禅をするとき、小便をとめるため煮た黒豆を食べる習慣があった。座禅豆の名は、それに由来するという。

★ちょろぎ……黒豆には必ずといってよいほど、赤く染められた「ちょろぎ」を添える。これはシソ科の多年草だが、夏から秋にかけて紅紫《こうし》色の花を開き、そのあと地下に巻貝のような不思議な形をした塊茎《かいけい》をつける。

漢字では「草石蚕《ちょろぎ》」と書くが、塊茎が白く、蚕《かいこ》に似ているという理由でこの字を当てたという。また、塊茎の形が背の曲がった老人を連想させるとして「長老木」「千代呂木」などの字が当てられる。

いずれにせよ、ユリ根に似た食感と辛味が特徴で、酢漬や天麩羅、吸物などにも使われる。おせちの黒豆に添えるのは、赤く着色された酢漬のものだ。

★叩き牛蒡《ごぼう》……そもそも牛蒡は、土のなかに長く根を張って生長していく。そこから「人生の土台を固め、堅実に暮らしていけるように」との願いを込め、おせち料理に加えた。なかでも叩き牛蒡は「豊年を祝う瑞鳥を表す」ともいわれる。

和食ブームで牛蒡を食べる外国人もふえたようだが、基本的に牛蒡を食用野菜として扱い、食べるのは日本だけ。しかも各地にはそれぞれ名産があり、京都では堀川牛蒡が有名だ。江戸では滝野川牛蒡が知られていた。

叩き牛蒡は、まず牛蒡を茹《ゆ》で、すりこ木などで叩く。これは味がよくしみ、食べやすいようにするためだ。そのあと、醬油などで煮る。

江戸庶民にも親しみのある根菜だが、江戸では叩き牛蒡よりも、きんぴら牛蒡が好まれていた。きんぴらというのは、大当たりをとった浄瑠璃の主人公坂田金平の名に由来する。金平は怪力の持主で、悪者をつぎつぎに倒していく。このため「金平」は、強いものの代名詞となった。

牛蒡を甘辛く炒め煮にする。この料理には、牛蒡が固い野菜であることや精がつく野菜とされていたことから「きんぴら牛蒡」の名がついた。

★凍《し》み蒟蒻《こんにゃく》……これは蒟蒻を薄く切り、凍らせて乾燥させたものだが、戻してから煮物にする。スポンジのように煮汁を含むので、おいしく仕上がる。黒豆にちょろぎ、凍み蒟蒻の組み合わせを好む人が多い。

江戸中期の図説百科事典『和漢三才図会』には、つぎのようにある。

「俗に云う、こんにゃくは腹の中の土砂を下ろし、男子最も益ありと。そのよるを知らずといえども、瘵疾《さいしつ》（呼吸器疾患）を治す功あり」

健康にいいことは知られていたようだ

蒟蒻は煮物にするほか、刺身、膾、串焼き、汁物など、いろいろな食べ方があった。

煮しめに使われるのは、普通の蒟蒻が多い。ただし、蒟蒻は、そのままでは味がしみにくいので、表面にたがい違いに切り込みを入れたり、手綱蒟蒻にしたりして煮しめる。弘化三年（一八四六）には『蒟蒻百珍』という料理本が出版されたが、それほど蒟蒻は人気があった。

個性的な黄色い料理

重詰のなかで、甘味で個性を主張するのが「きんとん（金団）」と「伊達《だて》巻き」である。いずれも金色を思わせる黄色が、ひときわ目立つし、人びとを豊かな気持ちにさせたようだ。

★きんとん（金団）……この「金」は黄金、「団」は塊を表す文字だが、「今年一年、豊かに過ごせるように」と願った一品である。

薩摩芋、いんげん豆などを甘く艶よく煮たあと、なめらかになるまで裏漉《うらごし》し、クチナシで黄色く染めた栗の甘露煮を加えると出来上がり。しかし、江戸時代の栗は、いまの旨い栗とは異なるため、栗を煮つぶして甘く味をつけたり、ひと口大の茶巾にしぼったりした栗きんとんなどがつくられた。

一般的に「搗栗《かちぐり》」を使っていたが、これは生のまま、あるいは煮てから鬼皮を剝いて取り除き、天日で干す。そのあと臼で搗《つ》き、渋皮を除いたものだ。「搗」が「勝ち」に通じるというので、出陣や勝利の祝い、正月の祝儀などに使われてきた。

★伊達《だて》巻き……白身魚のすり身と卵を混ぜ、味をととのえたあと、平らに焼く。これをすだれで渦巻状に巻いた料理。
そのルーツは平安時代、宮中での儀式のときに、平目に卵を混ぜてつくった「平子《ひらこ》焼き」だという。江戸時代、仙台藩主の伊達政宗《まさむね》が「平子焼き」を好んで食べていたため、諸大名は伊達政宗の名から「伊達巻き」と呼ぶようになった。

ほかに、長崎の卓袱《しっぽく》料理のなかで、口取りの一つとして使われていた「カステイラかまぼこ」が江戸に伝わり、「伊達巻き」と呼ばれたという説もある。おせち料理に加えられたのは、江戸末期ごろだった。

重詰の煮物

★昆布巻……身欠き鰊《にしん》、焼きわかさぎ、焼きもろこ、焼き鮒《ふな》など、さまざまな魚を芯にする。魚は番茶を煮出したなかで「茶振り」をし、早煮昆布で巻き、干瓢《かんぴょう》で結んでから煮含める。いまでも好む人が多い。

昆布巻が登場したのは室町時代。「勝って喜ぶ」に通じる縁起物とされたが、とくに室町後期には醬油が普及しはじめ、盛んにつくられた。

江戸時代には北前船の航路が開かれたこともあって、昆布が蝦夷地（北海道）から大坂に運ばれ、昆布の加工品がつくられた。旨味成分がたっぷり含まれているため、全国各地で食べるようになった。

江戸の正月に食べる昆布巻には、琵琶湖産の源五郎鮒を芯にすることが多かった、といわれる。

★煮しめ……正月のおせち料理のなかでも代表的な料理。さまざまな野菜類を一つの鍋で煮合わせたもので、醤油色に染まっているのが特徴。具には、それぞれ意味が込められている。

干し椎茸は「陣笠しいたけ」というが、この名は形が黒塗りの陣笠に似ていることからついた。蒟蒻は手綱に見立てて「手綱こんにゃく」である。高野《こうや》豆腐は焼き目をつけて「楯豆腐」といったが、楯に見立てたわけだ。武家社会に影響を受けた名が多い。

初春を祝うころに咲く梅をかたどった人参を「梅花にんじん」という。このような縁起物もある。煮しめには、いろいろなものを一緒に煮て、「家族が仲よく過ごせる一年であるように」との祈りを込めた。

江戸では、大振りに切った材料を鍋に入れ、出汁《だし》と調味料で煮込む。このため、味がしっかりつけられていた。煮たあと、煮汁から取り出して汁を切る。汁気がないので、重詰にした。

上方では、材料を一つずつ下茹《ゆ》でし、灰汁《あく》を抜いてから煮るのが主流だった。最後に味醂で照りを出すと「旨煮（甘煮）」になる。

煮しめは、菜屋（惣菜屋）で日常的に売っていた。『守貞漫稿』に、つぎのように紹介されている。

「江戸諸所往々之有り、生鮑《なまあわび》、するめ、刻みするめ、焼豆腐、こんにゃく、くわい、蓮根《れんこん》、ごぼう、刻みごぼうの類を、醬油の煮〆となして大丼鉢に盛り、見世棚にならべ之を売る」

第六章

四季折々の美味

春の味覚

★白魚のおどり食い……江戸っ子は、白魚を春の味覚として珍重した。白魚のおどり食いは美味だし、そのほか吸物、卵とじ、酢の物などと、江戸っ子はさまざまに楽しんだ。「白魚飯」というものもあるが、これは薄い塩味に少量の醤油を入れて飯を炊く。吹き上がったら火を消し、生の白魚を飯の上に乗せ、杯に一つ酒をふりかける。蒸してから食べるのだが、これが旨い。

また、置炬燵《おきごたつ》の上に、優美な姿の白魚を盛った皿を乗せ、二杯酢で食べる。むろん、酒を飲みながらだが、これも江戸っ子の春の楽しみだった。

芭蕉に、つぎの句がある。

「紅梅やけふも立ちよる白魚売り」

ちょうど紅梅が咲くころ、白魚の季節となる。白魚売りは、担い桶のなかに白魚を入れた盆を置き、箸で一匹ずつつまみながら数をかぞえた。二十匹を「ちょぼ」といい、白魚はこれを単位にしていた。

「白魚を半ちょぼ出して嫁おがみ」

半ちょぼといえば十四。十四でもうれしい春の味覚が膳につく。夫はついうれしくなって嫁をおがむという図。仲のいい夫婦の夕食の姿が微笑ましい。

江戸の海で白魚がよくとれたのは、佃島《つくだじま》（中央区佃）の沖。江戸時代には舟で渡らなければならなかった。漁民たちは、舟の上で篝火を焚きながら四手網《よつであみ》（四隅を竹で張った網）を海に入れて、魚をとった。白魚漁は、佃島の風物詩として江戸っ子に親しまれていた。

★女性の祝い事に使った蛤《はまぐり》……焼き蛤といえば、伊勢桑名（三重県桑名市）の名物で、東海道を往来する旅人がこれを食した。十返舎一九《じっぺんしゃいっく》の『東海道中膝栗毛』でも、弥次さん、喜多さんが桑名と富田《とみだ》（四日市市富田）の茶屋で焼き蛤を食べる場面が出てくる。

「箱にした囲炉裏のようなものの中へ蛤をならべ、松かさをつかみ込み、あふぎたてて焼く」

いまの焼鳥屋では、細長いコンロ状の箱に網を置き、炭火で焼いている。それと同じように蛤を並べて焼いていたが、珍しいことに松かさを燃やして蛤を焼く。『本朝食鑑』によると、この焼き方が一番旨いのだという。

蛤は美味だとして、古くから食べていた。江戸では、蛤がとくに安いということもあって食べる人が多かった。『守貞漫稿』によれば「一升の値が京坂では五、六十文から百文（約二千五百円）もするのに、江戸では二十文（約五百円）だ」というから、手ごろな値段だった。そのせいか、鮨にもよく用いられた。

蛤は婚礼や雛祭など女性の祝い事によく使われる。とくに八代将軍吉宗が安いという理由で「婚礼のときの吸物の具は蛤にせよ」と、命じたのだとか。真偽はわからないが、いまもこの習慣はある。

それというのも、蛤はどれほど多くの貝があっても、同じ貝の殻同士でなければぴったり合わない。そこから幸せな夫婦愛のシンボルとして使われるようになった、との説もある。

★江戸庶民の好物鰶《このしろ》……下等な魚とされていたが、江戸庶民の大好きな魚だった。小《こ》鰭《はだ》の成魚で、二十五センチほどの大きさ。天保二年（一八三一）刊の『魚鑑』には、つぎのように書かれている。

「焼く、煮るに佳し。なますとなすもまた佳し」

小骨の多いのが難点だが、酢漬にすると骨がやわらかくなり、そのまま一緒に食べることができる。「粟漬」という料理もあるが、これは三枚におろした鰶を酢でしめ、蒸した粟の実、唐辛子、柚子の千切りなどと漬け込む。年末から新年にかけてよく食べた。

小鰭は、江戸前の鮨に欠かせないネタだが、酢でしめてから押鮨にする。握り鮨が登場する以前、鮨といえば押鮨で、鰶のほか、鰺《あじ》の押鮨を箱に入れ、肩に担いで市中を売り歩いた。

武士は食べなかったが、その理由について文化十一年（一八一四）刊の『塵塚談《ちりづかだん》』はこう書く。

「武士は決して食せざりしものなり。鰶は、この城を食うというひびきを忌みてなり」

一尾二文（約五十円）とか、三文（約七十五円）と安い。長屋暮らしの住民にも買うことのできる値段だった。長屋住まいの浪人は食べたにちがいない。

★薄紅色の桜鯛……春になると野山に桜の花が咲くが、同じころ、海には「桜鯛」がやってくる。桜の咲く季節、真鯛の雌は産卵を迎えて、体があざやかな薄紅の婚姻色に染まり、群れをなして浅い湾に入り込む。この体色から、とくに花時の真鯛を桜鯛と呼ぶ。

鯛は旨いし、栄養価が高いので、さまざまに調理して食べた。浜では鯛を蒸し焼きにし、酢醤油や芥子《からし》味噌で食べるのが一般的。ほかに塩焼にしたり、刺身、煮物、潮汁にしたりなど、いろいろだった。

ところで「腐っても鯛」ということばを、鯛は高級魚だから腐りかけてもありがたい、という意味だと思っている人がいる。しかし、そうではなく、鯛が腐りにくいことから出たことばだという。鯛の身は脂肪がつまっていて、組織が緻密なため、旨み成分のイノシン酸が分解されにくい。だから鮮度が落ちても、味はあまり落ちないといわれる。

★香気を味わう山葵《わさび》……山葵は、日本原産の植物である。江戸時代には、鮨や刺身、蕎麦、蒲焼、お茶漬などが普及したが、山葵のすりおろしたものは、それらの味を引き立ててくれる香辛料として重宝がられた。むろん、いまでも香辛料として欠かせない。

ツーンとくる根のおろしもいいが、白い小さな花ごと茎や葉をおひたしにして食べる「花山葵」も春の香りを楽しめて美味だ。

『和漢三才図会』は、山葵についてつぎのように記す。

「香気ありて味は辛辣《しんらつ》、これをころしていり酒に和し、肉なますを食するに最も佳し」

煎り酒というのは、酒に梅干と削った鰹節を加え、煮詰めた調味料である。山葵は醤油が普及する以前、煎り酒と合わせ、膾《なます》（生の肉や魚の和え物）を食べるときに使っていた。

少し変わった使い方としては、山葵を小口から薄く切り、熱い湯に浸けて蓋をしておく。吸物の下地に、この湯を加えるのだ。すると、匂いがよく、旨くなるというわけである。

★おひたしにした土筆《つくし》……江戸の女性たちは、花見の前後に「野がけ」といって、野遊びに出かけた。春の野で開放感を味わい、持参した弁当に舌鼓を打ち、土筆を摘む。
『和漢三才図会』は、つぎのような食べ方を紹介している。

「茎を連ねて茹《ゆ》でて醤油にひたして食ふ」

土筆をおひたしや佃煮にすると、かすかな甘味があるが、春の味覚として楽しむ一品だった。

春の野を歩いていると、さりげなく出ている土筆が目につく。女性たちは歓声をあげ、摘み取ってお土産にしたのである。

土筆のほか、わらびも摘んだ。わらびは万葉集の時代から食用にされていたが、野からとってきたらすぐに灰汁《あく》抜きをし、煮て食べる。また乾物にしたり、塩漬にしたりして、保存しておいた。
わらびの根からとれる澱粉を粉にすると、わらび餅の材料となる。これも江戸庶民の好物だった。

★蕗《ふき》のさわやかな香り……春の食膳には、蕗のさわやかな香りが欠かせない。蕗は各地の山野に自生するが、東京でも郊外の公園や土手などで見かけることがある。しかし、スーパーなどで売っている蕗は、栽培し、灰汁《あく》抜きしたものだ。

江戸の人びとも、春になると、蕗の茎の皮を剝き、煮て食べた。また、蕗の薹《とう》（花茎）は味噌を塗り、炙《あぶ》って食べた。苦みがあって、酒飲みが好んだ。『和漢三才図会』は、そのように解説している。

蕗はもともと寒地で育ったものが良質とされ、とくに秋田の大蕗は江戸時代から有名だった。葉柄は六尺（約一・八メートル）もあり、傘の代用にできるほど大きく育つ。北斎漫画にも、雨のなかで大蕗の葉を傘代わりにしている様子が描かれている。

さて、蕗の薹といえば、いまは天麩羅で食べる人が多い。しかし、蕗の薹は、香りと苦みを楽しむものだし、いかにも春らしい味だ。それだけに、焼いて練り味噌をつけて食べたり、刻んで味噌汁の具にしたり、汁物の吸口にもよく使われた。

「吸いものの良薬口に蕗のとう」

こんな川柳もある。しかし、その苦みは大人の味だ。そこで、つぎのような句も出てくる。

「ふきみそを子になめさせてしかられる」

蕗味噌は嘗物《なめもの》の一種で、蕗の薹を刻み、味噌に入れて焼いたものだ。子どもの食べ物ではない。蕗味噌は、そのほか、蕗の薹を茹《ゆ》で、味噌ですりのばすなど、さまざまなものがあった。

★嫁菜《よめな》の吸物……初秋になると、淡い紫色の花をつける嫁菜。江戸庶民は、春の若葉を食用にした。園芸植物の都忘《みやこわす》れは、この嫁菜を品種改良したものだ。
嘉永二年（一八四九）刊の『年中番菜録』には、上方での嫁菜の食べ方は「汁の具」「お向《むこう》」に使うとある。嫁菜の汁物には、吸口に芽うど、芥子《からし》がいい。お向のときには、酢醤油のしたもの（おひたし）にし、干し大根小口（少量）、筍の皮のやわらかいところを刻んであしらうと、上品になる、と述べている。

「猪口《ちょこ》の嫁菜に鰹節の綿帽子」

この川柳は、嫁菜を煮て猪口に入れ、削った鰹節をふりかけて食べる、と素直に詠んでいる。だが、「嫁」と「綿帽子」が婚礼を連想させ、楽しさを誘う。

延宝二年（一六七四）刊の『江戸料理集』によると、つぎのようにある。

「葉計《ばか》りつみて、湯煮をしやきしやきというほどに用うべし」

あまり茹《ゆ》ですぎてはいけないし、歯ごたえが残るほど、さっと湯がいて食べると旨い、というのである。江戸時代も現在も、葉もの野菜の食べ方は同じだ。

若葉が好きだから、江戸の女性たちは摘草といって、春の野に遊びに出かけた。摘むのは嫁菜のほか、野蒜《のびる》、土筆《つくし》、蓬《よもぎ》などの若葉である。しかし、野に自生している嫁菜を見たことがないのでわからない、という女性もいる。そこで、摘んだことのある女性が「これだよ」と教えるのがつぎの句だ。

「そりゃあ草だはなあこんなのが嫁菜」

若菜摘みの女性たちは、うきうきして楽しそうである。摘んだ若菜をあとで食べるという楽しみもあるからだろうか。

夏の味覚

★七夕に食べる索麺《そうめん》……江戸時代、七月七日の七夕には、索麺を食べる習慣があった。すべての日本人が、とまではいかないにしても、かなりの日本人がこの日、同じように索麺を食べた。『東都歳時記』にも、つぎのようにある。

「今夜貴賤供物をつらねて二星に供し、詩歌をささぐ。家で冷そうめんを食す」

江戸城でも京都の公家たちも、この日は索麺を食した。

七夕は五節句の一つだが、江戸では前日の夕方から竹を立て、願いごとを書いた色紙の短冊などで、カラフルに飾りつけをした。

索麺を食べる習慣は、中国の伝説に由来する。この日、索餅《さくべい》を食べると、瘧《おこり》（マラリア）にかからない、とされた。索餅とは、小麦粉と米粉とを練り合わせ、縄状にして油で揚げたものだ。索麺の祖型とされるが、日本にこの伝説が伝えられ、索餅の代わりに索麺を食べるようになった。

暑くてあまり食欲がないというときでも、冷たい索麺なら食べられる、という人は多い。

江戸でも同じだった。

索麺の薬味は生姜《しょうが》だが、生姜には疲労回復の効果がある。江戸の人びとも生活の知恵として、そのことを知っていたのだろう。

索麺の茹《ゆ》で加減は、いまならタイマーで二分ほどと、容易に計ることができる。そうでなくても、鍋から一本取り出し、口に含んでみればわかるが、大田南畝《おおたなんぽ》の狂歌のような方法もあった。

「投げつけて見よ　素麺のゆでかげん　丸にのの字に　なるかならぬか」

鍋から取り出した一本の索麺を壁に投げつけ、丸くなれば茹で加減はいい、というのである。本当にそんなことをしたのだろうか。

「素麺冷食涼しひかな縁」

縁側で索麺を食べる涼やかな光景だが、これは『論語』の「巧言令色鮮し仁《こうげんれいしょくすくなしじん》」をもじって詠んだ一句である。

うっとうしい季節には、冷たい索麺が一番。そのほか、冷麦、冷奴、冷汁など、冷たいものを食べて、気分爽快になりたい。江戸っ子は、そう思っていた。

★さわやかな風味の筍《たけのこ》……筍は自然につぎからつぎと地上へ顔を出し、あっというまに生長する。だから生命力の強さを感じる。掘りたての筍を食べると旨いし、歯ごたえもさわやかだ。江戸庶民も、そのことを感じていたのだろう。掘りたてを焼き、味噌田楽にして食べた。初夏を感じさせる風味に、満足したにちがいない。

「口に孝行竹の子のうま煮なり」

このような川柳もある。新鮮な筍は煮ても焼いても旨い。むろん、掘りたてを、そのまま刺身にして食べても旨い。掘りたての筍には灰汁《あく》がないし、むしろ甘味すら感じる。『和漢三才図会』は筍の味について、淡竹《はちく》の筍は「白く味淡く甘し」と述べ、苦竹《にがたけ》（真竹《まだけ》）の筍は「味、苦く辛し」と記している。

食用の筍としてよく食べられるのは孟宗竹《もうそうちく》だ。江戸庶民もさまざまな筍を食べていたが、孟宗竹が普及すると、これが一番美味ということになった。『武江年表《ぶこうねんぴょう》』安永八年（一七七九）八月の項には、江戸に伝来した時期について、つぎのように記されている。

「薩州侯、品川の前邸へ、琉球産の笋《たけのこ》を始めて植えらる。諸人これを珍賞す（世にこれを孟宗笋と称す）」

当時、大名屋敷を中心に園芸ブームが起き、珍しい植物を植えることが流行していた。

薩摩藩下屋敷では、琉球経由で手に入れた中国江南地方の江南竹（孟宗竹）が植えられていた。ところが、下屋敷に出入りしていた植木屋が屋敷の庭から孟宗竹の根茎を持ち出したのが露見し、手討ちにされるという事件が起きた。

それほど大切にしていたわけだが、その後、孟宗竹が各地に広まる。寛政年間（一七八九〜一八〇一）、荏原《えばら》郡戸越村（品川区戸越）に隠居していた元回船問屋の山路次郎兵衛が薩摩藩下屋敷から孟宗竹を譲り受け、隠居所に植えたのが最初だという。

その後、しだいに周辺に広まり、目黒界隈は江戸で有名な筍の産地となり、目黒不動門前の茶屋では筍飯を出しはじめる。これが評判を呼び、筍飯は粟餅とともに目黒名物となった。さらに目黒の百姓たちが江戸市中へ筍を売りにきたことから、筍は初夏の食材として江戸庶民の人気を集めた。

★旨い土用蜆《どようしじみ》……江戸市中には、朝になると必ず蜆売りがくるので、蜆はいつでも食べることができた。たいていは味噌汁にする。

しかし、「土用蜆」と「寒蜆」ということばがあるように、蜆の旬は夏と冬の二回である。寒蜆は身が引き締まって旨いとされ、土用蜆は産卵のために栄養を蓄えているので旨い、とされている。

食べ方については「浅蜊《あさり》は身、蜆は汁」という。蜆は汁に仕立てて、旨味と栄養分だけをいただく、というのが一般的。とはいえ、「蜆は小粒だが、栄養分に富み、とくに黄疸《おうだん》に効く」ということは、広く知られていた。

蜆の身は小さくて食べにくいが、食べる人は少なくない。実際、蜆のタンパク質は良質だし、脂肪分はほとんどなく、肝臓によいとされている。

さらに蜆は、貝類に含まれるタウリンが多い。タウリンは栄養ドリンクでも知られているが、肝臓の代謝や胆汁の分泌促進、解毒作用の活性化促進などの効果が知られている。肝機能を正常化するメチオニンも豊富だし、肝機能を活発にするのに欠かせないビタミンB_{12}も多い。その他、ビタミンB_2、カルシウム、鉄分などが含まれ、まさに天然のサプリメントのような食べ物だ。

江戸の人びとは、そうした成分や効能について、詳細は知らなかったかもしれない。しかし、大津賀仲安《おおつがなかやす》は天明七年（一七八七）、食べ物の効能を歌のように解説した本を書き、蜆については、つぎのように述べた。

「蜆よく黄疸を治し、酔を解す。消渇《しょうかち》、水腫《すいしゅ》、盗汗《とうかん》によし」

消渇は喉が渇いて、水を多量に飲んでも尿が出ない脱水症状か、糖尿病ではないか、と考えられている。水腫はむくみのことだ。盗汗は寝汗である。漢方薬膳などの知識からいわれたことだろうが、現在の栄養学から見ても蜆のすぐれた健康効果をいい当てている。

蜆の値段は、一升で十五文（約三百七十五円）程度。江戸庶民にとって安い健康食品だった。

★泥鰌《どじょう》汁が夏の栄養源……泥鰌は小さいながらも、鰻に匹敵するほど栄養価が高い。江戸では、夏の栄養源として泥鰌汁を食べた。

調理法は簡単で、生きた泥鰌を鍋に放り込み、酒を入れて蓋を押さえ、火にかける。泥鰌は、ぴちぴちと飛びはねる。やがておとなしくなったところで味噌汁に仕立てて食べるのだ。ちょっと残酷だし、気味が悪いが、食べてみると旨い。

「鍋ぶたへ力を入れるどじょう汁」

このような川柳があるほど、家庭でもつくったのである。とはいえ、家庭では残酷だと嫌がる人も多い。そこで、専門料理屋が現れた。

当初は丸煮といって、腸《わた》も抜かず、全体のまま味噌汁に入れて食べた。ほかに、醤油で丸のまま煮つけることもあったという。

その後、文政年間（一八一八～三〇）に骨抜きの泥鰌鍋がはじまった。南伝馬町（中央区京橋一～三）の裏店に住む万屋某が泥鰌の腹を割き、内蔵や骨、首を取り除いて鍋にしたという。しだいに泥鰌鍋の料理屋がふえていった。

柳川鍋というのもあるが、これは骨抜きした泥鰌と笹がきにした牛蒡《ごぼう》を浅鍋に入れ、醤油味の出汁《だし》で煮る。最後に卵とじにした。天保年間（一八三一～四四）に出てきた。上方でも人気が高かった。

江戸で夏の食べ物といえば、泥鰌より鰻を好む人のほうが多い。暑いから滋養のあるものを食べなければと、鰻屋に入っていく。鰻については別項に述べたので、ここでは上方の夏の人気料理、鱧《はも》を紹介する。

鱧は小骨が多く、骨切をする必要があるので、調理に手間がかかる。食べ方で一般的なのは、湯引きした鱧を梅肉で食べることだが、ほかに焼いたり、真薯《しんじょ》にしたりするほか、吸物など、じつにさまざまだ。

わたしは北海道の函館生まれだが、子どものころ、鰻の代わりにということで、鱧の丼をよく食べた。しかし、あとで知ったのだが、実体は穴子《あなご》である。形が似ているせいか、穴子なのに鱧といいならわしていたのだ。どちらにせよ、戦後まもなくのころだから、たいへんな御馳走だった。

★暑さを忘れる夕鯵《ゆうあじ》……棒手振《ぼてふり》の魚屋は「あじ、あじ」と威勢のよい声をあげながら売り歩く。涼しい夕風の吹くころだが、江戸っ子は「夕鯵」といって楽しみにしていた。

「夕暮の暑さ忘るる鯵の声」

いまは冷蔵庫があるから、いつでも新鮮な鯵を食べることができる。しかし、冷蔵庫のない江戸ではそうはいかない。夜明けに河岸に入荷した魚は、朝のうちに売るが、昼間に入ってくる魚もある。翌朝までもたないので、河岸ではすぐ売る。そこで棒手振の魚屋はこれを仕入れて、活きのいいうちに売り歩くというわけだ。夕方に売りにくるので「夕鯵」といわれるようになった。

「夕鯵の今来た躰にはね返り」

鯵は旨味の強い魚だ。江戸中期の儒学者新井白石《あらいはくせき》は、著書『東雅《あずまのみやび》』のなかで、つぎのように書いた。

「アヂとは味也。その味の美をいふなり」

この由来説が本当かどうかは不明だが、白石も夕鰺で晩酌を楽しんでいたのだろうか。

『和漢三才図会』には、つぎのようにある。

「（鰺は）春の末より秋の末に至りて、これを多く採る。鮓《すし》に作り、煮る、炙《あぶ》る、膾《なます》ともに味甘美なり」

調理法はさまざまだったことがわかる。

川柳にも食べ方を詠んだ句がある。

「夕鰺が来るか来ないか松もどき」

この句にある「松もどき」とは、茄子《なす》を細く切って炒め煮にしたものだ。鰺の付け合わせには茄子というのが、江戸っ子のお好みらしい。

「蓼《たで》と酢で待つ黄昏《たそがれ》の魚の声」

鰺を刺身にしたり、焼いたりしたときには醬油ではなく、蓼酢《たでず》につけて食べたのである。蓼酢は蓼の葉をすって混ぜた合せ酢で、特有の辛味が旨さを引き立てる。

★消夏法として飲む甘酒……江戸庶民は夏の暑い日、消夏法として甘酒をふうふういいながら飲んだ。甘酒といっても正確には酒ではない。糯米《もちごめ》で炊いた粥に麹《こうじ》を混ぜ、五、六十度の温度を保ちながら十時間ほど温めると、できあがる甘い飲み物だ。麹発酵と乳酸発酵が進み、ほんのりと酸味が出る。発酵飲料だから胃腸の働きを助ける効果が大きい。

甘酒売りは夏になると、火種のある箱に真鍮《しんちゅう》の釜を入れ、天秤棒で担ぎながら市中を売り歩く。一杯六文（約百五十円）から八文（約二百円）ほどだから、手軽に楽しめる。甘酒におろし生姜《しょうが》や胡椒《こしょう》を加え、さっぱり感を味わった。

★涼しさを求めるトコロテン（心太）……行商人が荷を路上に起き、トコロテンをトコロテン突き（棹状のトコロテンを押し出す器具）に入れて押し出すと、細長い糸状のトコロテンが出てくる。これを器に入れて客に出す。一杯四文（約百円）と安い。酢醤油をかけて食べるのが一般的だが、砂糖とか黄粉《きなこ》をかけて食べる人もいた。
これは天草を煮て、どろどろになったものを型に流し込み、冷やして固めたものだ。江戸庶民は涼しさを求めて、よくトコロテンを食べたが、立派な健康食品だった。

★さっくり感が人気の西瓜《すいか》……江戸初期には、西瓜の赤い色が血を連想させるとして、敬遠する人が多かった。よく食べるようになったのは、寛文年間（一六六一～七三）から

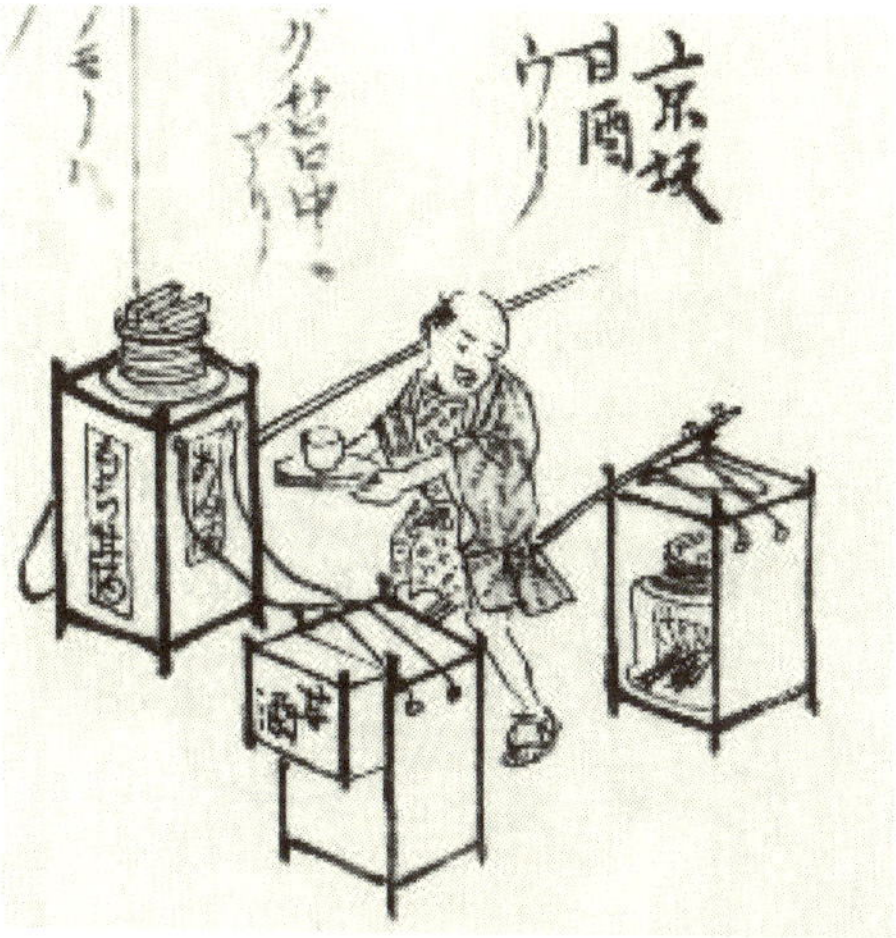

甘酒売り（『守貞漫稿』国会図書館蔵）

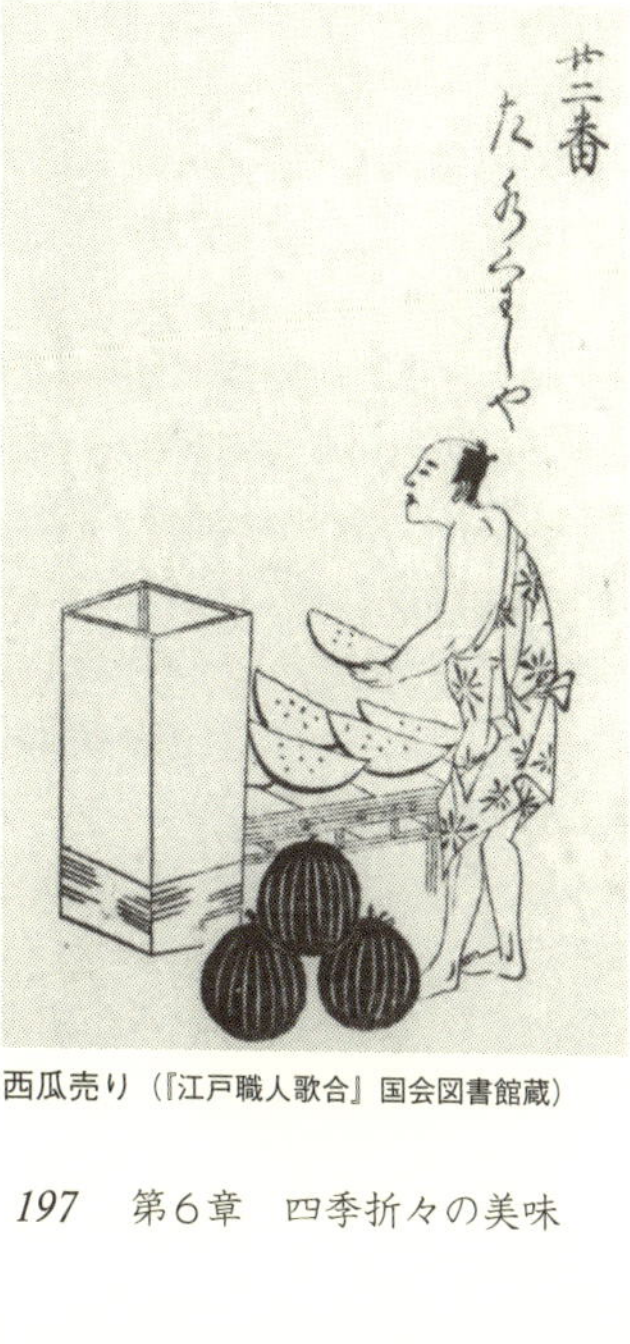

西瓜売り（『江戸職人歌合』国会図書館蔵）

ところ天売り（『江戸爵』国会図書館蔵）。江戸庶民は四季を通じてトコロテンを食べた。なかでも暑気払いとして夏にはよく売れたという。

だという。

屋台店に西瓜を並べて売るのだが、一個百文（約二千五百円）というから決して安くはない。むろん、切売りもあり、大きさにもよるが、一切れ十文（約二百五十円）とか、二十文（約五百円）で売った。

切売りは、大きな桶をひっくり返して台とし、その上で西瓜を切り、並べて売った。食べ慣れると、さっくり感と涼感がなんともいえない、といって買った。夕方になると、赤色の行灯を置く。その光をあびて切売りの西瓜が旨そうに見えたのである。

秋の味覚

★人気の菜飯《なめし》……江戸庶民は、菜っ葉を炊き込んだ「菜飯」が好きだった。ひと口に菜飯といっても食材の菜はさまざまである。一般的なのは、大根の葉を塩茹《ゆ》でにして刻んだものや干した大根の葉を細かく刻み、米に混ぜて炊く、というものだった。むろん、炊き上がった白飯に混ぜる、という方法もあった。油菜の葉を蒸し、細かく刻んで味をつけ、白飯にまぶす、という方法などだが、どれも微妙な味を手軽に楽しむ季節の飯だった。

江戸では、米の飯にさまざまな野菜などを混ぜたものは「苗字飯」と呼ばれた。「〇〇飯」と、名称の頭に混ぜるものがつくためだった。

春の若芽を混ぜ込む菜飯もある。「藤葉飯」「荷葉《かよう》飯」「榎飯」などだ。つくり方は単純で、藤、蓮、榎の若芽を塩茹でし、細かく刻み、温かい白飯に混ぜると出来上がり。江戸庶民は、こうしていろいろな春の香を楽しんだのである。

江戸後期には『名飯部類《めいはんぶるい》』という混ぜご飯のレシピ集まで出版されたほどだった。また、浅草雷門前の茶屋では「女川《めかわ》菜飯」を出し、人気を呼んでいたという。油菜の葉を使った菜飯だが、これは東海道の石部と草津とのあいだの目川村で食べていた菜飯にヒントを得たものだという。名称の女川は、地名の「目川」に由来する。

★秋に旨くなる沙魚《はぜ》……この魚は、河口近くの海や浅瀬に生息しているが、春に生まれた沙魚は、秋になると脂がのって旨くなる。江戸では鉄砲洲《てっぽうず》（中央区湊・明石一帯）や竪川《たてかわ》（墨田区）に多く住み、秋になると釣り好きがやってくる。元禄八年（一六九五）刊の『本朝食鑑』は、つぎのように述べている。

「江戸の町人、好事家、遊び好きな人たちは、舟に棹《さお》をさし、みの笠をつけ、茶や酒などをのせ、竿を横たえて糸をたらし、競って釣っている。これは川の上の大きな楽しみである」

鉄砲洲は隅田川の河口近くで、対岸は佃島《つくだじま》だ。竪川は隅田川と中川（現・旧中川）とのあいだを流れる運河だが、沙魚のほか鮒《ふな》も多かった。

沙魚といえば、いまは屋形船で天麩羅にして食べるが、江戸時代には醤油と酒だけで煮たり、焼いたりして食べ、楽しんだ。また、鱠《なます》にするほか、昆布巻にして食べた。

なかでも三歳以上の沙魚は、細づくりの刺身として珍重する人が多かった。

★力仕事の男に人気の秋刀魚《さんま》……江戸庶民の秋の食べ物といえば、なんといっても秋刀魚である。裏長屋の路地に七輪《しちりん》を出し、じゅうじゅうと音を立て、煙を出しながら焼いて食べた。しかし、大衆魚だから、旗本の家では「下賤の食べ物」として、食べない人が多かったらしい。

寛政年間（一七八九～一八〇一）にまとめられた『梅翁随筆《ばいおうずいひつ》』には「安永のころ（一七七二～八一）より大いに流行出して、下々の者好みてくらふ事となりたり」と記されている。

脂ののった秋刀魚は、エネルギーの補給に最適だったらしく、とくに米搗《つ》きをする男たちに人気があったという。

いまなら秋刀魚の脂にはビタミンAとE、DHA、EPAなどが含まれていることは知られているが、江戸っ子はそんなことは知らない。しかし、「秋刀魚が出ればアンマ引っ込む」といわれたほど、食べると元気になるということは知っていた。

★月見に食べる枝豆……鮨や天麩羅など、和食を好む外国人がふえている。なかでも意外なのは、枝豆好きが多いことだ。枝豆は未熟な大豆を茹《ゆ》でたものだが、外国ではそのように未熟なものを食べる習慣がない。だから珍しいのだろうか。

江戸庶民は枝豆をよく食べたが、江戸市中に枝豆売りが現れたのは明和年間（一七六四〜七二）ごろのことだという。枝つきのまま茹でた枝豆を籠に入れ、「枝豆やあ　ゆでまめ」と叫びながら売り歩いた。値段は一把四文（約百円）ぐらいだった。

もっともよく枝豆を食べたのは十三夜、旧暦九月十三日（いまの暦では十月中旬）の夜のことである。江戸では、旧暦八月十五日の仲秋の明月、そして十三日夜と、月見の機会は多い。それだけ月を好む人が多かったのだが、『東都歳時記』はつぎのように記している。

「衣被《きぬかずき》（里芋を皮つきのままで茹でたもの）、栗、枝豆、すすきの花など月に供える」

八月十五日は芋を供えたので「芋名月」の異名がある。九月十三日には枝豆を供えるので「豆名月」ともいう。だからこの日は、枝豆をよく食べた。

「文使い枝豆売りとすれちがい」

枝豆売りが市中を売り歩くころ、文使いも「後の月見だから」と、客を誘う吉原からの文を運ぶ。そんな忙しい二人がすれちがう光景を詠んだ晩秋らしい句である。

★旨み成分の多い椎茸《しいたけ》……精進料理では、肉や魚を使わない。それだけに旨み成分の多い椎茸は、だしに使うほか、主菜にもなるすぐれた食材だ。すでに寛永年間（一六二四～四四）から栽培されていて、八代将軍吉宗の御庭番をしていた植村政勝の著書『諸州採薬記』には、伊豆の天城《あまぎ》山中での栽培をつぎのように記している。
「此辺より椎茸を作出す。此の作り様、温泉出る処へ椎の木を切り、これをかけて五十七日程置くと、菌出るなり」

江戸庶民もよく食べたが、煮物に使われたほか、炙《あぶ》ってから酢で和えたり、茶碗蒸しの具や汁の実にしたりなど、さまざまに使われた。

★蛸と煮合わせる里芋……十五夜というのは、江戸庶民にとって美しい月を眺める楽しみはむろんだが、月見団子を食べる楽しみも大きい。十五夜を迎えるにあたって、月見団子のほか、里芋、すすき、酒などを供え、月を眺めながら歌を詠み、酒を飲む、という人は少なくなかった。

里芋は衣被《きぬかつぎ》にして三方盆へ盛り上げた。衣被というのは、皮つきのままで茹《ゆ》でた里芋のこと。十五夜のころは、里芋の収穫時期だったから、十五夜には里芋の収穫祭という意味もあったようだ。十五夜の月には「芋名月」との異名がある。

芋といえば、江戸の女性は芋と蛸《たこ》、南京《なんきん》（南瓜）が好物だった。芋と蛸を煮合わせても旨い。「桜煮」といって、蛸の脚を薄く輪切りにし、酒と味醂《みりん》で煮た料理もよく食べた。

★女性に人気の薩摩芋……これは甘味があり、旨い。江戸中期になると、江戸庶民の好物となった。とくに女性たちに人気が高く、下女から武家の女性にいたるまで、薩摩芋をよく食べたという。

寛政元年（一七八九）には『甘藷《いも》百珍』というレシピ本まで出版された。塩蒸し焼芋や、醬油風味の衣をつけて油で揚げたもの、小豆と合わせて羊羹《ようかん》に仕立てたものなど、百二十三のレシピが紹介されている。

江戸市中には生の薩摩芋をザルに入れ、天秤棒で担いで売りにきた。江戸庶民はこれを買い、煮たり蒸したり、カマドの下で蒸し焼きにしたりして食べた。そのほか、生の芋をすりおろして、味噌汁や飯に混ぜるという調理法もあったようだ。

寛政年間（一七八九〜一八〇一）には、江戸に焼芋屋が登場している。当初は「大ふかし」といって、ふかした芋を売ったが、その後、焼芋が主流になった。

★赤飯や餡《あん》に使う小豆《あずき》……小豆といえば、いまでも祝い事に赤飯を蒸す。昔から正月十五日には、邪気を除くとして小豆粥を炊く。これは、小豆を米に混ぜて炊く粥だ。あるいは牡丹餅、お萩の餡など、小豆はさまざまに使われ、日本の食文化の一端を担ってきた。

赤飯に小豆が使われるようになったのは江戸後期からで、節目ごとの祝いに赤飯をつくる家も多かった。たとえば、曲亭（滝沢）馬琴の『馬琴日記』を見ると、長男宗伯の嫁、路《みち》が懐妊し、着帯を迎えて「赤小豆飯、一汁三菜、香の物」で内祝をしている。

四か月ほどのち、路は女の子（幸《さち》）を出産。お七夜のときは、つぎのような料理を用意した。

「赤小豆飯、一汁三菜、角はんぺん、初茸《はつたけ》、芹《せり》の平《ひら》、つみ入れ（つみれ）、冬瓜《とうがん》の汁、大根、人参、めばる切身の膾《なます》、いんげんささげの猪口、なづけの香の物、昆布巻の引物」で、二膳にととのえた。それから三か月ほどして、内祝に赤飯を配っている。これらの赤飯は業者に頼んでつくらせたものだった。

小豆について、『和漢三才図会』には、つぎのように記されている。

「九月にこれを収む。其の粒大にして深紅色なるものを俗に大納言《だいなごん》と称す。これ粥及び飯となすに宜しきところ也」

大納言とは、大粒の小豆の品種だが、色が濃くて美味とされる。尾張（愛知県西部）が原産地のため、尾張大納言の洒落で、大納言と称された。官位の高さと品質の高さをかけた名称だが、実際、菓子の餡にするなど大納言の用途は広い。

江戸時代には、小豆に「阿豆岐」とか「阿加阿豆岐」の文字が当てられた。貝原益軒は、名称について「あ」は赤い色のことで、「つき」「ずき」は溶けるという意味。赤くて早く煮えるということから「あずき」の名が生じた、と述べている。

また、小豆は飢饉のときの救荒食としてよく用いられた。しかし、江戸庶民は、やはり

「赤飯に使う豆」と思っていたようだ。

「宵祭りぼんに小豆の通り雨」

これは祭りの前日、赤飯の準備をしている様子を詠んだ句。盆に小豆を入れる音が通り雨のように聞こえた、というのである。

『和漢三才図会』には、つぎのようにも記されている。

「末《こな》となして袋に盛り、婦人顔を洗へばよく脂垢を去る。甚だよし」

小豆は食用だけでなく、洗剤として衣服を洗ったり、女性の洗顔剤として使ったりされていた。江戸の人びとは、小豆に含まれているサポニンの作用を知っていたわけである。

冬の味覚

★ほっこりとする蕪汁《かぶらじる》……江戸庶民にとって蕪汁は大事な冬の味覚だ。つぎのような川柳もある。
「ほっこりと雪を忘るる蕪汁」

蕪汁を食すると、体がぽかぽかするものだから雪の寒さなど忘れてしまう、というのだ。

江戸庶民は蕪の根はむろん、葉も刻んで味噌汁に入れた。あつあつの蕪汁にして食べたのである。

蕪は、大根よりもさらにくせがないので、どのような食材と合わせても旨くなる。消化酵素を多く含み、がん抑制効果のあるグルコシアネートやインドールという成分を含んでいるという。

江戸庶民はそんなことを知らず、ただ「旨い」とか、「体が温まる」といって食べた。蕪汁のほか、漬物にしたり、地域によっては蕪飯にしたりすることもあった。

北陸地方では「蕪鮓《かぶらずし》」にした。これはいまでもつづいているが、鰤《ぶり》などを塩漬の蕪のあいだにはさみ、麹《こうじ》につけて発酵させる。

蕪といってもさまざまで、『俚言集覧《りげんしゅうらん》』には「江戸近在のは長し。みじかき大根に似たり。また小かぶとて至って小さきものあり」とある。

『本朝食鑑』には、干した葉や茎を「懸菜《かけな》」とか、「乾菜《ほしな》」といい、塩漬にしたものは「菜漬」というのだ、と説明している。蕪は葉にも豊富な栄養があるので、江戸庶民は葉も大事に食べた。

★磯の香を楽しむ浅草海苔《のり》……東京に日比谷（千代田区日比谷公園）という地名があるが、これは海苔を養殖するため、海中に立てておく「篊《ひび》」に由来する。江戸に幕府が開かれる以前、このあたりは日比谷入江と呼ばれ、古くは海苔の養殖が行われていたという。

一方、海水と淡水が入り交じる浅草（台東区浅草）の海でも海苔がつくられていた。しかし、江戸中期以降、浅草は盛り場として賑わうようになり、海苔の養殖は品川や大森で盛んになった。この結果、浅草には「浅草海苔」というブランド名と販売所だけが残った。

そこで、つぎのような川柳が詠まれた。

「品川を浅草で売る海苔の庭」

もっとも「浅草海苔」の名は、もともと浅草の海で海苔がとれたというほか、浅草紙と同じように薄く漉《す》き、干し海苔にして以来、この名が生じた、という説もある。

海苔の養殖は、海中に篊と呼ぶ竹や木の枝などを立てておく。これに海苔がつき、生長したあと、引き抜いて海苔をとる。当初は生海苔のまま売られており、江戸庶民は三杯酢で食べた。

篊から海苔をとり、細かく刻み、木枠で囲んだ簀《す》に流し込んで漉き、乾燥させる、という方法が盛んになったのは江戸後期のことらしい。干し海苔になり、保存がきくようになったため、江戸名物として浅草海苔が諸国に知られた。

品川や大森では海苔をつくり、「浅草海苔」の名で売ったが、つぎのような川柳もある。

「大森は海苔のなる木を植えて置き」

現在、コンビニなどで鰹節を具にした握り飯を海苔で巻いたものを売っている。よく売れているが、海苔と鰹節に含まれているアミノ酸の旨味、飯の甘味とのバランスがいいからだろう。海苔にはカルシウムやビタミンB_1、ビタミンCなどが含まれている理想的な食材だ。最近では、こうした握り飯を好む外国人も多い。ほかに、飯の上に焼海苔をもみ散らして茶漬にしたり、用途は広い。

江戸庶民も、この海苔を蕎麦や湯豆腐の上に、押しもんでふりかけ、磯の香を楽しんだ。

★冬に人気の鍋、葱鮪《ねぎま》……いま「ねぎま」といえば、焼鳥の鶏肉と葱を交互に串に刺したものをいう。だが、江戸のねぎまは、まったく異なる。

脂がのった鮪を角切りにし、ぶつ切りにした葱と一緒に煮た鍋料理だった。醤油で味をつけ、少し酒を加えて汁をつくる。冬の庶民の食べ物だった。

鮪は現在、高価な魚とされているから、鮨屋で本鮪を注文するには、ちょっと勇気がいる。しかし、江戸時代、鮪は下魚扱いされ、鮨ダネは貝、海老、穴子、小鰭などが中心だった。

鮪は裏長屋の女房たちがおかずにする魚で、経済的に余裕のある商家では、鯛など白身の高級魚を食べていた。しかし、鮪が大漁になったことがあり、安価で売ったところ、ねぎま（葱鮪）にして食べる人が出てきたという。

鮪の赤身は「づけ」（醬油に漬け込んだもの）にしておくと、保存できる。しかし、脂の多いトロは保存がきかない。そのため、脂の多い部分は肥料にされていた。

それをなんとか旨く食べられないか、ということで考え出されたのが葱鮪鍋だった。鍋にだしを加えた湯を入れ、酒や塩、醬油などで味をととのえる。そこに鮪と葱を適当に放り込み、熱く煮えたところから食べる。手間いらずだったから、この食べ方が広まった。

居酒屋でも、葱鮪は冬の定番メニューだった。

★河豚《ふぐ》の刺身は幕末から……冬の味覚といえば河豚である。いまは高級魚としてもてもてだが、江戸では下司魚である。武士は見向きもしないが、庶民は美味な魚と知っていたから屋台の河豚汁を食べた。

しかし、河豚には毒があるので当たれば死ぬ、と恐れる人が多かった。

宝暦十三年（一七六三）刊の『根南志具佐《ねなしぐさ》』（著者・天竺浪人＝平賀源内）は、江戸の河豚事情についてこう記している。

「だいたい昔は人間も生まじめで、毒というものは喰わぬものと心得、河豚を恐れる事、蛇蝎《だかつ》のようであったが、次第に人の心は放蕩になって行き、毒と知って、これを食べるようになった。お上では、この風潮をなんとかしようと、河豚に当たって死んだ者を出した家は、断絶という決まりまで立てたが、徹底されることはなく、河豚売りは大道を売り歩くし、料理屋でも出すようになった」

河豚の毒は、卵巣と肝臓（きも）にあるが、これを加熱しても毒性はなくならない。毒性は青酸カリの十倍とか、数十倍などといわれるが、それほど心配することはない。卵巣と肝臓をていねいに取り除けば、なにも問題はないのだ。

江戸時代には、そうした知識が乏しく、毒に当たって死ぬ人もいた。このため、河豚は「鉄砲」ともいわれたのである。

味は淡泊で旨い。だから寒い季節になると、河豚汁の鍋を囲んだ。薄く切った刺身を食べるようになったのは、幕末の下関ではじまったとされる。

★寒い季節に旨い八つ頭《やつがしら》……八つ頭と名は奇妙だが、味は悪くない。里芋の一品種。不思議なことに、親芋はある程度大きくなると肥大はとまるが、その一方で同じ大きさの子芋がいくつも出てくる。しかも、その子芋は一つにくっつき、直径十センチくらいの塊になるのだ。

一般的な調理法は、砂糖と醤油、味醂などを加え、甘煮《うまに》にすることだった。八つ頭は寒くなると旨くなるが、江戸のおせちには縁起物としてよく使われた。

また、江戸には、八つ頭料理で知られる料理屋があった。歌川広重《うたがわひろしげ》の『木母寺雪見《もくぼじゆきみ》』に描かれている「植半《うえはん》」がその一つ。木母寺（墨田区堤通二）は隅田川に面していて、植半はその境内にあった。岸辺に舟着場があり、舟でやってくることができる。広重が描いたのは、雪のなか、三人の人物が屋根船から降り、植半に向かうところだ。植半では人気の八つ頭料理のほか、蜆汁、玉子焼などを出した。三人の客は、雪見酒をやりながら八つ頭料理に舌鼓を打ったにちがいない。

★旨い深川沖の牡蠣《かき》……いまは各地で牡蠣の養殖が行われ、牡蠣鍋とか、牡蠣フライとかよく食べる。栄養は豊かだし、旨いから人気は高い。江戸の近海でも牡蠣がとれたから、江戸庶民もよく食べた。とくに江戸庶民が好んだのは、深川沖の牡蠣だった。

『魚鑑』も、つぎのように江戸前の牡蠣が美味だと、ほめたたえている。

「下総《しもうさ》銚子のもの大なりといへども味よからず。それを江都海に一月ほど活けおけば美味生ず。江都海自然に生ずるもの状小なりといへども、その味きわめて美し」

いまのように生で食べることはなく、焼き蛤《はまぐり》のように焼くとか、むき身にして煮るとかして食べるのが一般的だったようだ。「煎蠣《いりがき》」というのもあったが、これは水分のなくなるまで煮詰めて味つけしたものだから、佃煮のようなものだったかもしれない。

★風呂吹きにする大根……冬の食膳に欠かせないのが大根である。

『和漢三才図会』には、大根の栽培法などが書かれているが、まず八月に種を蒔《ま》き、彼岸中に出てきた苗は間引きをし、煮て食べる。この苗を「大根葉」と呼ぶ。

その後、根が鼠の尾のように長くなったものは「中抜き大根」というが、霜のあとに根が肥大し、味も甘くなる。根が地上に見えるものを「阿賀利《あがり》」といい、冬（十月から十二月ごろ）に食べ、地上に出ていないものは「保利以礼《ほりいれ》」といって、春（一月から二月）に食べるのだという。

大根は重いので、近郊の百姓は馬に積み、江戸市中にやってきて、「だいこ、でーこ」と、二声で売り歩く。つぎの句は、その様子を詠んだ川柳である。

「二声にかなを違えて売る大根」

大根は日本産の野菜と思っている人が多い。しかし、原産地はコーカサス南部からパレスチナ地域にかけての中央アジアだというからおどろく。しかも、古代のエジプトやギリシャ、ローマでも大根を食べていた。生で食べたのか、煮て食べていたのか、興味深い。

天明五年（一七八五）には『大根一式料理秘密箱』『諸国名産　大根料理秘伝抄』と、大根のレシピ本が二冊も出版された。それぞれ五十種、四十二種のレシピが紹介されているから、大根好きは多かったのだろう。

料理法はいろいろだが、急ぐのであれば生食だ。そんな川柳もある。

「いそぐなら大根おろしで喰へといい」

味噌汁の実には、旬の野菜が安くて旨い。秋は毎日のように茄子《なす》がつづき、冬になると大根に入れ替わる。

風呂吹きは、いまでもおなじみの料理。大根をやわらかく茹《ゆ》で、熱いうちに練り味噌をつけ、ふうふういって食べるのが旨いと、人気は衰えていない。

池波正太郎の小説『梅安晦日蕎麦《ばいあんみそかそば》』のなかに、梅安と彦次郎が千六本にした大根と浅蜊《あさり》を、煮立てた出汁《だし》のなかへ放り込み、小皿にとって七色唐辛子をふり、汗だくになりながら食べる場面がある。大根は、あまり手をかけずに食べるほうが旨い。

★滋養のための薬食い……古くから肉食は禁じられていたが、これには例外があった。寒中の保温とか、滋養のために獣肉を食べることは「薬食い」といって許された。江戸後期にはさまざまな料理屋ができて、外食が盛んになった。

異色の料理屋に「ももんじ屋」というのもあった。「ももんじ」とは野獣のことで、つまり「薬食い」の専門店である。表向きは肉食禁止だから、「薬食い」といっても、あからさまにするのはためらう。そこで猪の肉は牡丹、あるいは山鯨といい、鹿の肉は紅葉《もみじ》と称した。

歌川広重の『名所江戸百景』に「びくにはし道中」と題する絵がある（本書一四三ページ）。雪景色のなかに「山くじら」の看板を出した店が描かれている。

麴町の甲州屋がももんじ屋一号店だという。この店で出していたのは猪、鹿、狐、熊、狸、川獺《かわうそ》、鼬《いたち》、猫、山犬などで、吸物や鍋物、田楽、貝焼などにして食べさせた。鍋物は小五十文（約千二百五十円）から大二百文（約五千円）まで、人数や好みで選ぶことができた。煮込みや吸物は一膳十六文（約四百円）だった。

将軍や大名たちは、よく鷹狩りに出かけたが、そのときの獲物は「薬食い」という口実で食べていたのである。

★大掃除のあとで食べる鯨汁……いまは調査捕鯨でさえも風当たりが強い。しかし、江戸では鯨汁にして食べた。とくに毎年煤掃《すすは》きの日とされる十二月十三日には欠かせない食べ物だった。この日は、正月を迎える準備として大掃除をするのだが、商家などでは煤掃きが終わったあと、酒肴が振舞われた。

そのとき、鯨汁が出る。これは鯨の脂も加えた濃厚な味噌汁だった。

しかし、江戸の家々で鯨汁を食べるとしたら、とんでもないことになる。五、六頭の鯨をつぶす必要があるのではないか。心配しているのか、冗談をいっているのかわからないが、このような川柳がある。

「江戸中で五六匹喰ふ十三日」

鯨の肉はこの日、行商の鯨売りが江戸市中を売り歩いた。

当時、鯨をよく捕獲することができたのは、五島列島（長崎県）や熊野灘（和歌山県から三重県にかけての沖合海域）など。地元では生肉を鍋にしたり、汁物にして食べた。

それ以外の地では、保存がきくように塩漬したものを買って食べる。井原西鶴の『日本永代蔵』には、京都を舞台にした場面で、「皮鯨の吸ひ物」なる食べ物が出てくる。

皮鯨とは、鯨の肉の皮に接した脂肪の部分を塩漬にしたものだ。これを味噌汁や澄まし汁にして食べたのである。江戸でも、このような皮鯨を買い、味噌汁などにした。寒い冬など、体が温まる食べ物として好む人が多かった。

大名も同じで、鯨をまるごと一頭買う大名はいなかった。

「大名も切り売りを買う塩鯨」

江戸周辺では安房（千葉県南部）や常陸（茨城県）あたりに鯨が姿を現すから、たまに品川沖に迷子鯨が出てくる。いまなら江戸湾に鯨がやってくるとは信じがたいが、たとえば『武江年表』寛政十年（一七九八）五月一日の項に、つぎのような記録がある。

「品川沖より鯨上がる。長さ九間一尺（約十六メートル）、高さ一丈（約三メートル）余あり」

もちろん、こうした例はきわめて珍しいことだった。

番外・江戸のスイーツ

★江戸の名物饅頭《まんじゅう》……江戸でもさまざまな菓子がつくられ、人びとを楽しませた。とくに元禄年間（一六八八～一七〇四）には、砂糖が普及したこともあって菓子が発達。餡《あん》を使った餅や饅頭、飴、金つばなど庶民的なものから高級な羊羹《ようかん》までつくられた。

江戸で身近な菓子といえば饅頭で、庶民はむろん、武士もよく食べた。饅頭については、『守貞漫稿』が詳しく記している。

「餅の中に餡があるものを饅頭という。異邦では、獣肉を餡にするということだが、皇国（日本）では、昔からそのようなものはつくられていないようだ。ただし、昔は菜饅頭、砂糖饅頭の二種類があった。『七十一番職人尽歌合』に記録がある。いつの頃からか菜饅頭は廃れて、今は砂糖饅頭のみである。今の饅頭は、小麦粉を皮として、なかに小豆餡を入れる。小豆は皮をとって砂糖を加える」

江戸時代には饅頭がつくられていたものの、高価なものだった。江戸後期には饅頭を売る店もふえ、値段は一個四文（約百円）くらいになった。

ところで、象が渡来して象ブームが起きたことがあり、これを機に饅頭が売れるようになったという。

安永七年（一七七八）に刊行された小栗百万の『屠《と》竜《りょう》工《こう》随《ずい》筆《ひつ》』に、つぎのようにある。

「近頃、西域より来る象は、餡の入らざる饅頭を喰ふなりとて、喰はせたれども左《さ》にあらず。紅毛人の連れ来るは、己が食を喰はせるらん。紅毛人は飯を喰わず。パンとて小麦の粉にて饅頭の形に作りて、焼めを付けたるものを食ふなれば、象にもそれを喰はせたる成るべし」

象が食べるのだと聞いて、わざわざ餡の入

米まんじゅう売り（『絵本御伽品鏡』国会図書館蔵）。広く普及していたのは饅頭だった。

らない饅頭をつくったのだという。じつは、西洋人が自分たちの食べるパンを象にあたえていただけなのに「象の食べ物は饅頭」と信じられていたようだ。いずれにせよ、これを機に安い饅頭が出まわるようになったらしい。

ところで、饅頭屋の看板は木馬だった。『我衣《わがころも》』には、つぎのようにある。

「古来まんぢうみせの縁先に、木馬を出したり。あらむまし、と言ふ心を表したり。元禄のころよりやみたり」

もともとは荒馬の木像で、餅屋の目印だったという。「荒馬」で「あらうまい」という意味だが、江戸っ子らしい地口《じぐち》（洒落）である。

江戸の名物菓子として人気があったのは「米《よね》饅頭」だ。浅草の待乳山《まつちやま》（台東区浅草七）下の鶴屋で売られていたが、外皮は米の粉で、なかに小豆餡が入っている。形はまんまるではなく、やや円筒形に近く、両端がとがっていた。これを天秤棒で担いで売る商人もいた。

鶴屋には、お米《よね》という頭のよい娘がいて、そのお米がつくり出した饅頭だから「米饅頭」の名がついたという。しかし、米の粉でつくったことに由来するという説もある。

★独特の香りが人気の桜餅……向島の長命寺（墨田区向島五）近くの「山本や」で売り出す桜餅も、江戸名物の一つ。小麦粉を水で溶いて薄く焼き、これで餡《あん》を包む。さらに塩漬した桜の葉でくるんだ菓子だが、独特の香りがあって旨い、といまも人気がある。

この桜餅の香りは、桜の葉を塩漬したことによって、葉に含まれているクマリンという芳香成分がブドウ糖から離れて香り立つのだという。文政年間（一八一八〜三〇）で一個四文（約百円）。江戸庶民も花見にきて、茶屋でこの桜餅を食べるのを楽しみにしていた。

桜餅がつくられるようになったのは、桜の木があり、桜の葉が豊

桜の季節には隅田川堤に「桜餅」の屋台が出る（『東都歳時記』国会図書館蔵）

富だったからだが、最初から桜の木が植えられていたわけではない。四代将軍家綱《いえつな》が正保年間（一六四五〜四八）、木母寺《もくぼじ》（墨田区堤通二）のあたりに桜の木を植えさせたのがはじまりだ。

その後、八代将軍吉宗《よしむね》が寺嶋村の長命寺までの隅田堤に植え、ふやしたのである。こうして見事な桜並木となり、多くの花見客が訪れるようになった。

長命寺の桜餅として親しまれたが、これは銚子から江戸へ出てきた長命寺の門番をしていた新六が享保二年（一七一七）、「山本や」の看板を出して売り出したという。

桜の名所だけに落ち葉も多い。新六は「なにかに使えないか」と思案していたところ、柏の葉で包む柏餅にヒントを得て、塩漬にした桜の葉で餅を包むことを思いついた。

当初は粳米《うるちまい》でつくったが、やがて葛粉の餅になり、最終的には小麦粉の餅に落ち着いた。もっともはじめて売り出したころは、一個四文と手ごろな値段なのに、あまり売れなかった。しかし、やがて人気が出てきた。

曲亭馬琴の随筆『兎園《とえん》小説』に桜の葉の使用料が記録されていて、その繁昌ぶりがうかがえる。

文政七年（一八二四）一年間の仕入高は、桜の葉が三十一樽、七十七万五千枚。餅一個に葉を二枚使うので、餅三十八万七千五百個分だった。一個四文だから、売上は千五百五十貫文（一貫文＝千文）。一文二十五円として、三千八百七十五万円になるから、かなりの売上高である。

長命寺の桜餅が売れると、その人気に便乗して、ほかにも桜餅をつくる菓子屋が現れた。

★串団子と月見団子……江戸庶民にとって、なじみの菓子は団子である。お伽噺《とぎばなし》「桃太郎」にはきび団子が出てくるから、団子の歴史は古い。

団子は、茶屋でよく売られていた。しかし、もともとは中国から伝えられたもので、製法などは現在のものと異なっていたし、わりと大きなものだったという。江戸時代になると、小さな丸形になり、江戸中期には串団子が流行した。

当初、串団子は一串三文（約七十五円）だったが、やがて宝暦・明和年間（一七五一～七二）には一串五文（約百二十五円）となった。そのころは、一串に団子が五個だった。

しかし、明和五年（一七六八）四月、真鍮《しんちゅう》製の四文銭が発行され、これが普及すると、なんでも四文均一で売る食べ物の屋台がふえた。これを四文屋と称したが、そうした商法の影響を受け、団子の数を四つにして一串四文で売る団子屋が多くなった。

八月十五日の仲秋の名月には、将軍も月見の宴を開き、衣被《きぬかつぎ》（皮つきのままで茹《ゆ》でた里芋）、粥、茄子《なす》などを食べた。庶民もそれぞれの家で団子や芋を供え、薄《すすき》や秋草を飾って美しい月を眺めた。里芋を供えたり、食べたりするのは、十五日のころが芋の収穫期に当たるため、十五夜には芋の収穫祭の意義が込められていたのではないか、ともいわれる。

月見に欠かせないのは月見団子だが、里芋を供える習慣から団子の形を里芋状にした、という説もある。いずれにしても、あらかじめ米を臼で挽《ひ》いて米粉をつくっておく。早朝から家族揃って団子をつくると縁起がよいとされていたので、当日はそれぞれの家で、朝早くから団子づくりに精を出した。

江戸末期の様子を記した『江戸府内絵本風俗往来』によると、江戸の月見団子は大きかった。一個の直径が三寸五分（約十センチ）ほどもあり、小さいものでも二寸余（約六センチ）あったという。これを三方に、十五個乗せて供えた。

そのような月に供える団子のほか、家族が食べる小さな団子を一人分十五個つくる。家族が多いと、たいへんな作業だった。

裏長屋では、大家が配る月見団子を楽しみにした。しかし、その団子は鉄砲玉のように小さい。店子たちは「どうせ配るのなら、もう少し大きいものを」と思ったのだろう。つぎの句もある。

「大家から鉄砲玉が十五来る」

『守貞漫稿』には、三方に団子を盛りつけて供えるのは、江戸も京坂も似ているが、京坂の団子は小さな里芋の形につくる、とちがいを記している。

「十六日《いざよい》は醬油のこげるかざがする」

仲秋の名月の翌日、団子は固くなっているので、醬油をつけ、焼いて食べた。そのことを詠んだ句。「かざ」は「匂い」のことだが、醬油が焼ける匂いは食欲をそそられる。江戸っ子のなかには、焼き団子を食べながら十六夜の月を楽しむ人が少なくなかった。

★家で手づくりした柏餅……五月五日といえば、男子の健やかな成長を願う端午《たんご》の節句である。江戸ではこの日、鯉のぼりを立て、部屋には兜や武者人形を飾り、柏餅を食べた。当時は家庭で手づくりすることが多く、できた柏餅は子どもに持たせて近所に配る習慣があった。もっとも上方では、誕生した男子の最初の節句には粽《ちまき》を配り、二年目から柏餅を配ったという。
粽は古く、中国から渡来したもので、米粉や葛粉などでつくった餅だ。長円錐形にして笹や真菰《まこも》の葉で巻き、藺草《いぐさ》で縛って蒸す。

一方、柏餅は日本独自の食べ物だ。『俚言集覧《りげんしゅうらん》』には、つぎのようにある。

「かしわめでたきもの也。神代は、この葉に供物を盛れり」

しかも柏の葉は、若葉が育つまで前の葉が落ちない。それゆえに子孫代々の繁栄を願う気持ちから、この葉を使うようになったのではないか、と考えられている。

つぎのような川柳もある。

「ぺちゃくちゃのそばに木鉢と柏の葉」

長屋などでは、近所の女性たちが集まり、おしゃべりを楽しみながら柏餅をつくっていたようだ。

ところで、近所へ配る家庭では、家族で食べる柏餅には砂糖を多くし、甘くこしらえた。これは人情でもあるが、そうした情景を詠んだ句もある。

「柏餅甘くこしらへ内で食ふ」

『守貞漫稿』は、柏餅のつくり方をつぎのように紹介している。

「米の粉をねりて、円形扁平となし、二つ折りとなし、あいだに砂糖入り赤豆餡《あずきあん》をはさみ、柏葉、大なるは一枚を二つ折りにしてこれを包む。小なるは二枚をもって包み、蒸す。江戸にては、砂糖入り味噌をも餡にかへ交るなり。赤豆餡には柏葉表を出し、味噌には裏を出して標とす」

宝暦年間（一七五一～六四）ごろには、菓子屋でも柏餅を売るようになった。

曲亭（滝沢）馬琴の『馬琴日記』によると、孫の太郎が初節句を迎えたので、菓子屋につくらせた柏餅を配ったという。

太郎が生まれたのは文政十一年（一八二八）二月二十二日。滝沢家では、五月二日に柏餅を手づくりし、内祝として親しくしている家へ配ったが、どうしても足りない。そこで「つるや」という菓子屋へ、柏餅三十個入りの重箱を九箱注文する。これを親戚など九軒に配った

菓子屋（『古今新製　名菓秘録』国会図書館蔵）。江戸後期、砂糖の普及にともなって多くの上等な菓子がつくられた。このような高級菓子店が客で賑わった。

が、結局、配った柏餅は三百十五個だった。

★煉切《ねりきり》からはじまった煉羊羹《ようかん》……羊羹は棹物《さおもの》菓子の一種で、江戸では高価なものだった。つくり方は単純なのに、根気がいるし、気が抜けず、手間がかかるからである。まず、小豆をゆっくり煮て皮を取り除き、砂糖を加えて餡《あん》にする。さらに寒天を煮溶かして餡に加え、焦げないようにねりながら煮詰め、型に流して固める。これが煉羊羹だが、蒸羊羹というのもある。小豆の漉餡《こしあん》に砂糖や小麦粉などを加えてねり、蒸籠《せいろう》の木枠に流し入れて蒸すとできあがる。

値段は、江戸後期、蒸羊羹が一棹銀一匁《もんめ》、煉羊羹はその二倍、一棹銀二匁だ。銀一匁は、銭で六十六文（約千六百五十円）、二匁なら約百三十二文（約三千三百円）。団子や大福餅は四文（約百円）だから、はるかに高価だった。

平安時代には蒸し物の羊羹があり、「羹《あつもの》」（熱い吸物）の実としていた。室町時代になると、実である蒸し物だけが茶道に使われる。やがて、甘味を加え、形をととのえて現在の羊羹になった、ともいわれる。

煉羊羹の起源については諸説があるが、煉切からはじまった、とする説が有力だ。煉切は澱餡の菓子で、つくり方は二種類ある。一般的には求肥《ぎゅうひ》をつなぎに加えてねりあげたものを指す。求肥は白玉粉をこねて蒸し、砂糖や水飴を加え、熱しながらねり固めてつくる。もう一つは「薯蕷《しょよ》煉切」といって、煉餡に蒸して裏漉《うらごし》した山芋、砂糖などを加えてつくる。薯蕷は山芋の漢名だ。ほかに、山芋をすって寒天を混ぜ、砂糖を加えて蒸した「薯蕷羹」という菓子もある。薯蕷煉切は上方でつくられ、江戸では求肥の煉切だった。

求肥は元禄年間（一六八八〜一七〇四）には人気の菓子になり、同じころ、料理の材料だった薯蕷（山芋）も菓子や饅頭などに使われるようになった。また、砂糖が普及したこともあって、淡い色調の煉切が草花をかたどって季節感を表すなど、華やかな菓子としてもてはやされた。

上菓子屋の職人（『江戸職人歌合』上菓子屋　国会図書館蔵）。干菓子などの上菓子を量りながら箱詰めしている。

一方では、この煉切が発達して羊羹となる。煉羊羹をつくるには寒天が欠かせない。まず、天草《てんぐさ》を煮て冷却、凝固させ、トコロテンにする。これを、さらに凍結、乾燥させたものが寒天だ。寒天は日本人が発明したユニークな食品だが、誕生について、つぎのような話が伝わっている。

万治元年（一六五八）、薩摩（鹿児島市）の島津侯が伏見（京都市伏見区）に宿泊したとき、食べ残したトコロテンを地面に捨てておいた。寒かったため、翌日、トコロテンは凍り、透明になっていた。これをヒントに、伏見で寒天をつくるようになったという。

ところで、山東京伝の『蜘蛛《くも》の糸巻』によると、煉羊羹は寛政元年（一七八九）ごろ、江戸日本橋の式部小路に住んでいた菓子職人、喜太郎がはじめてつくった。しかし、その後、煉羊羹は途絶えたが、文化元年（一八〇四）、深川佐賀町（江東区）の船橋屋が復活させ、有名になった。つぎのような川柳もある。

「評判も今汐先《いましおさき》の舟橋屋」

この「汐先」には「さしてくる潮の波先」とか、「物事のはじまる時」などの意がある。その「汐先」のように、舟（船）橋屋の評判が高まっている、というのだ。

★江戸っ子の好きな牡丹餅……江戸庶民の好物といえば、牡丹餅もその一つ。江戸の人びとは甘いものが好きだったようだ。春の彼岸は「牡丹餅」、秋の彼岸は「萩の餅」という。地域によっては、小豆餡《あん》をつけたものを「牡丹餅」といい、黄粉をまぶしたものを「お萩」といったりする。

随筆家の山崎美成《よししげ》は牡丹餅の名の由来について、天保十四年（一八四三）刊の『世事百談』に、つぎのように書いた。

「ぼたん餅は牡丹餅と書くのが正字で、あの餡をつけた餅を盆に盛り、並べる形が牡丹の花のようになるので、見立てて名をつけたのだ。また、まるめずに器に盛って、その上に小豆の餡をかけたのをお萩という。これは萩の花に似ているからである」

牡丹餅は糯米《もちごめ》を炊いて、粒が残るくらいに搗《つ》き、ほどよくまるめてまわりに餡をつける。つくり方はいたって単純だが、それだけにむずかしい。あまり力を入れすぎると、うまくいかないのだ。

うまくできた牡丹餅は重詰にし、親戚や知人に配ったりした。

★評判の幾世餅《いくよもち》……直径二寸ほど（約六センチ）の丸餅を焼き、餡《あん》をつけただけの素朴な餅菓子である。元禄年間（一六八八〜一七〇四）、江戸両国の小松屋喜兵衛が売り出した。

喜兵衛の妻は、吉原の遊女だった。喜兵衛が請け出し、夫婦になったわけである。喜兵衛は餅菓子に妻の名をつけて売り出したのだが、若くて美しい幾世が心尽くしの接客をするものだから、評判を呼び、小松屋は人気店となった。

一個五文（約百二十五円）だったが、よく売れて江戸名物といわれるようになった。店が繁昌すると、世間はだまっていない。滑稽本や川柳の題材にしたのである。さらには類似品を売る店もふえ、元祖争いが起きたほどだった。

★歌舞伎役者が考案した鹿《か》の子餅《こもち》……いまでも和菓子店に行くと鹿の子餅が並んでいる。餅を餡《あん》でくるみ、その上に甘く煮た小豆を、つぶさずにつけたもの。表面が特徴的だ。

染物に鹿の子絞りといって、布を白い粒状に隆起させたものがある。鹿の子のまだら模様に似ているというので、鹿の子絞りの名がついた。鹿の子餅は、小豆の粒をつけたところが鹿の子絞りに似ている、というので、鹿の子の名をつけた。

これを考案したのは、歌舞伎役者の嵐音八だという。音八は宝暦・明和年間（一七五一〜七二）のころ、大坂から江戸に下り、人気役者として活躍。そのかたわら人形町に菓子店を開き、鹿の子餅を売り出したという。「上品な味」と評判だった。

★千歳飴は子どもの楽しみ……松竹梅や鶴亀の絵が印刷された袋に入った千歳飴。いまでも七五三になると売り出されるが、江戸の子どもたちにとっては大きな楽しみだった。

戯作者の柳亭種彦《りゅうていたねひこ》が文政九年（一八二六）に出版した『還魂紙料《すきがえし》』によると、千歳飴が登場した事情を、こう書いている。

「元禄・宝永（一六八八〜一七一一）のころ、江戸浅草に七兵衛といふ飴売あり。その飴を千年飴《せんねんあめ》、かたは寿命糖《じゅみょうとう》ともいふ。今俗に長袋といふ飴に千歳飴《せんさいあめ》と書くこと、かの七兵衛に起これり」

七五三の祝いは江戸前期に武家のあいだではじまり、やがて庶民にも広まったという。七五三は、髪置き（三歳男女）、袴着（五歳男子）、帯解き（七歳女子）の祝いをする。この

いくよもち（『江戸職人歌合』餅屋　国会図書館蔵）

日は子どもの成長を感謝し、将来の健康や幸福を祈った。

当時は小鳥などを飴でつくる飴細工、中華風の衣装を着て売り歩く唐人飴売りなど、さまざまに飴が売られていた。

★庶民に人気の江戸スイーツ焼芋……薩摩芋といえば、焼芋が一番と思っている人が多い。しかし、寛政年間（一七八九〜一八〇一）、薩摩芋が庶民に普及した当初は、蒸して食べていた。
その後、寛政五年（一七九三）の冬、本郷四丁目の木戸番屋で、はじめて焙烙焼《ほうろくやき》を売り出した。焙烙（壺）のなかで芋を焼き、売ったのである。「八里半」という行灯《あんどん》看板を出し、評判になったが、これは「栗（九里）に近い味」の意味。さらに「十三里芋」という看板も現れたが、これは「栗（九里）より（四里）うまい」ということだった。

丸焼きにした芋を売る店と、厚めに切ったものを売る店があったが、切った芋には胡麻《ごま》と塩をふりかけて食べた。天保三年（一八三二）刊の『江戸繁昌記』によれば、四文（約百円）分の芋は、子どもの一食分になるし、十文（約二百五十円）買えば、書生の一食分に足りたという。

丸焼きのものは、大きなもので一本十六文（約四百円）、中くらいのもので八文（約二百円）だった。もっとも地域や時期によって値段の変動があった。

★汁粉は冬のエネルギー源……温かい小豆汁に砂糖を加え、煮たあとに餅を加えた汁粉は、冬場のエネルギー源として最適だった。そのせいか、江戸の町にはかなりの数の汁粉屋が営業していた。一杯十六文（約四百円）と手ごろだったから、庶民ばかりか武士も食べていたという。

江戸と京坂ではちがっていたようで、『守貞漫稿』によると、江戸では小豆の皮をとり、白糖の下級品か黒糖を加え、切餅を入れて煮たものを汁粉という。京坂では、皮つ

焼芋屋（『東都歳時記』国会図書館蔵）

きの小豆に黒糖を加え、丸餅を入れて煮たものを善哉《ぜんざい》といっていた。

もっとも、京坂で皮を取り去ったものは汁粉、またはこし餡《あん》の善哉という。江戸では善哉に似たものをつぶし餡といい、こし餡に粒の小豆を混ぜたものは田舎汁粉である。

冬などには切餅を入れていた江戸の汁粉屋も、夏だけは白玉を入れたりしたという。

主な参考文献

菊池貴一郎（鈴木棠三編）『絵本江戸風俗往来』東洋文庫・平凡社
斎藤月岑（朝倉治彦校注）『東都歳時記』（全三巻）東洋文庫・平凡社
人見必大（島田勇雄訳注）『本朝食鑑』（全五巻）東洋文庫・平凡社
原田信男『江戸の料理史　料理本と料理文化』中央公論社
原田信男『和食と日本文化　日本料理の社会史』小学館
原田信男『和食とはなにか　旨みの文化をさぐる』角川学芸出版
原田信男『江戸の食生活』岩波書店
橋本直樹『日本食の伝統文化とは何か　明日の日本食を語るために』雄山閣
安達巌『たべもの伝来史　縄文から現代まで』柴田書店
鈴木晋一『たべもの史話』小学館
江原絢子・石川尚子・東四柳祥子『日本食物史』吉川弘文館
江原絢子・東四柳祥子『日本の食文化史年表』吉川弘文館
大塚滋『食の文化史』中央公論社
大久保洋子『江戸のファーストフード　町人の食卓、将軍の食卓』講談社

中江克己『お江戸の意外な「食」事情』ＰＨＰ研究所
中江克己『お江戸の意外な生活事情』ＰＨＰ研究所
興津要『江戸食べもの誌』河出書房新社
白倉敬彦『江戸の旬・旨い物尽し』学習研究社
永山久夫『なぜ和食は世界一なのか』朝日新聞出版
松下幸子『図説　江戸料理事典』柏書房
渡辺信一郎『江戸川柳飲食事典』東京堂出版
吉田元『日本の食と酒』講談社
宮尾しげを『すし物語』講談社
篠田統『すしの本』柴田書店
酒井伸雄『日本人のひるめし』中央公論新社
渡辺善次郎『巨大都市江戸が和食をつくった』農山漁村文化協会
中山圭子『和菓子ものがたり』朝日新聞社
宮本又次『関西と関東』文藝春秋
神崎宣武『「旬」の日本文化』角川学芸出版

［著者略歴］
中江克己（なかえ・かつみ）
北海道函館市生まれ。思潮社、河出書房新社などの編集者を経て歴史作家。歴史の意外な側面に焦点を当てて執筆を続けている。主な著書に『お江戸の役人面白なんでも事典』『お江戸の地名の意外な由来』『お江戸の職人素朴な疑問』（以上、PHP 研究所）、『江戸の将軍百話』（河出書房新社）、『忠臣蔵と元禄時代』（中央公論新社）、『江戸の定年後』（光文社）、『新島八重』『黒田官兵衛』（以上、学研パブリッシング）、『図説 江戸の暮らし』『図説 江戸城の見取り図』（以上、青春出版社）、『江戸のスーパー科学者列伝』（宝島社）、『江戸大名の好奇心』『明治・大正を生きた女性 逸話事典』（第三文明社）など多数。

江戸《えど》っ子《こ》が好《この》んだ日々《ひび》の和食《わしょく》
2016年6月6日　初版第1刷発行

著　者　中江克己《なかえかつみ》
発行者　大島光明
発行所　株式会社　第三文明社
東京都新宿区新宿 1-23-5 〒160-0022
電話番号　03-5269-7144（営業代表）
03-5269-7145（注文専用ダイヤル）
03-5269-7154（編集代表）
振替口座　00150-3-117823
URL　http://www.daisanbunmei.co.jp
印刷・製本　中央精版印刷株式会社

ISBN 978-4-476-03358-8